GENERAL KNOWLEDGE OF
DIGITAL CURRENCY

数字货币通识

无现金时代的必修课

王淳枫 曾铁柱 ◎ 著

机械工业出版社
China Machine Press

图书在版编目（CIP）数据

数字货币通识：无现金时代的必修课 / 王淳枫，曾铁柱著. --北京：机械工业出版社，2022.7
ISBN 978-7-111-71133-9

Ⅰ. ①数⋯　Ⅱ. ①王⋯ ②曾⋯　Ⅲ. ①数字货币　Ⅳ. ①F713.361.3

中国版本图书馆 CIP 数据核字（2022）第 113971 号

数字货币通识：无现金时代的必修课

出版发行：机械工业出版社（北京市西城区百万庄大街 22 号　邮政编码：100037）
责任编辑：贾　佳
责任校对：殷　虹
印　　刷：北京联兴盛业印刷股份有限公司
版　　次：2022 年 8 月第 1 版第 1 次印刷
开　　本：147mm×210mm　1/32
印　　张：6.5
书　　号：ISBN 978-7-111-71133-9
定　　价：69.00 元

客服电话：(010) 88361066　88379833　68326294　　投稿热线：(010) 88379007
华章网站：www.hzbook.com　　　　　　　　　　　　读者信箱：hzjg@hzbook.com

版权所有·侵权必究
封底无防伪标均为盗版

推荐序一
Foreword

2012年初春,我和好友淳枫先生("中国冠军企业案例书系"总策划人),来到上海共同发起资本奇迹同学联合会成立大会。

2016年,淳枫兄打电话与我,邀我为他策划的新书《财富第九波》写序。本人受宠若惊,斗胆开笔,略抒己见。同时也被淳枫兄的高瞻远瞩深深折服。第九波财富代表着"九九归一,生生不息"之意,淳枫可谓先行先知者也!

不承想,又一个五年过去,我再次接到淳枫兄的电话,邀我为其新作《数字货币通识》写序。我知道淳枫兄每策划一本新书,必深有见地,必会引起轰动。本人仔细拜读大作,再次为淳枫兄的远见卓识所折服。

财富,亘古恒今!这与人类在特定历史条件下天地人融合是分不开的。漫长岁月,滚滚向前,人类从未停止进取的脚步:从旧石器时代到新石器时代,从青铜器时代到铁器时代,从蒸汽时代到今天的互联网时代,每个时代新工具的出现都为人类创造出惊人的财富。

变化,是永恒的旋律!20世纪90年代,互联网开启人类新时代,信息透明化、生活便捷化、企业互联网化……"互联网+"激荡起一波前所未有的财富浪潮。今天,数字经济开启人类征程新纪元,生活工作数字化、智能开始人性化、元宇宙虚实融合……数字货币、数字资产,人类财富形式改写,新的财富浪潮再次激荡而起。

鉴往知来,历史潮流浩浩荡荡,顺之者昌,逆之者亡,顺势而为方可乘势而起!新的财富浪潮已来,您准备好了吗?是想做随波逐流者,还是引领潮流者?相信本书会给您一个明确的答案。

未来已来,预见方可遇见!

桥王文化创始人、雅法资本联合创始人　陈波

2022年5月12日

推荐序二
Foreword

很荣幸能够为王淳枫先生和曾铁柱先生的新书《数字货币通识》作序。

也许是我的职位、职业使然,我更为关注当今企业的生存和发展。受新冠肺炎疫情的影响,很多企业这两年的发展颇为艰难。这有客观的原因,但是主观上呢?主观原因在于思想的固化,在自己制定的诸多土框框、洋框框里不能自拔,从而失去了与时俱进的勇气和动力。

所有的改革创新都是被逼出来的。同样,没有各种经济浪潮的冲击,人们也不会想出很多改革创新的策略。当下市场环境瞬息万变,新冠肺炎疫情、贸易争端、地缘冲突等无不冲击着企业的生存和发展;当今人类迈入数字经济新纪元,数字化、智能化、元宇宙等无不变革着企业的商业模式、营销策略。如果不思考如何破茧而出,如何顺势而为,如何高瞻远瞩地统筹规划,那么,销声匿迹只是早晚的事情。因此,只有敢于打破这些框框,我们才能改变现状,遇见新的境界、新的方向、新的方法、新的未来。

今天，我们比任何一个时代都更需要具有开拓创新精神的策划人，而一个有价值的思想，或将创造出不可思议的结果。王淳枫先生正是这样一位有思想、有远见的策划人，多年的市场运营和策划经验，让他不仅具有天马行空的想象力，更凭着深刻的洞察力、思考力、分析力，策划并出版了时下有价值、将影响众多行业和企业的著作《数字货币通识》。

每一个企业人在本书中看到的将不仅仅是未来财富形态的演变，更是时代趋势的演变；感受到的不仅是新思想对旧现实的冲击，更是自身不断突破思想边界的过程。未来很多人会在元宇宙时代迅速崛起，就如曾经的很多人基于互联网迅速崛起一样。

其实我们回想一下，历史上每一次时代的变迁都是少数先知先觉的聪明人成了赢家，都是那些敢想敢干、勇于向不可能挑战的人做出了惊人的成绩。2020年是一个分水岭，从这一年开始，过去的一些传统经验变得越来越没用了，我们也无法再套用工业时代的做事标准，希冀成功。我们必须看懂当今时代的赛道，并找到属于自己的趋势。希望大家能认真阅读这本书，把握好自己的未来。

著名策划人、书法家　郑丹晖
2022年5月18日

前言
Preface

未来财富在哪里？

货币的演变、资产的变革、技术的发展、分配方式的演进、消费习惯的改变，共同指向了一个财富变迁的大趋势。

今天货币是什么？货币是资产形式之一，但更是资源变现的媒介。而资源变现有 4 种方式：直接变现，比如卖资产；加工变现，比如各种各样的商品都是资源加工的产物；整合变现，比如淘宝把买家、卖家资源整合到淘宝平台；"资源 + 商品 + 金融"变现，比如房地产。

今天，数字货币不仅正在成为"钱"，可在元宇宙实现资源交换，也正借助元宇宙发展趋势，以"资源 + 商品 + 金融"的方式再次爆发：数字货币是资源，资源永远稀缺，稀缺就是财富的秘密；数字货币是数字商品，可自由买卖；数字货币是金融产品，可用来投资、借贷。

我们也正处于一个特别的时代，财富、资源正在以新的分配方式流转。曾经的金字塔式的资源分配方式遇到了瓶颈，造成了固化、不平等，想要实现下一波财富大爆发，我们必须找到更好的资源分配方式，于是区块链被人们重视。区块链+元宇宙，为我们昭示了这样一个未来：未来是资产多元化的群智时代，需要协同合作的资源分配方式。

另外，随着经济发展和科技进步，人类从物质生产中解放出来，正在快马加鞭地实现从物质消费到精神消费的跨越。

《小岛经济学》曾写过这样一个故事：一个荒岛上的居民，发明了自动捕鱼器，小岛上的人终于不用把一整天的时间浪费在捕鱼填饱肚子上了，于是他们冲浪、绘画、唱歌……精神消费开始流行。《地球最后一个人类》则描绘了人类文明最终场景，大家只需要付出少量劳动，就可以生产大量商品，满足一切物质需求，更多的人终日泡在文学艺术、娱乐游戏活动中。

虽然今天我们的物质生活仍有提高的空间，我们依旧要付出大量的时间以劳动换取生活所需，但同时，在当今时代，精神产品的发展如火如荼，Z世代拥抱虚拟世界，成为内容创作者、剪辑师、电竞选手、游戏商人，其中不乏高收入者。元宇宙的爆发更是带给人们一个无所不能的意识创作世界和全新的精神享受时空。

所以未来财富在哪里？在数字货币、数字资产及元宇宙这样的数字化趋势里。

目录
Contents

推荐序一
推荐序二
前言

序　章 | 财富新风潮，你赶上了吗
　　01 | 世界呈现出的特征：不确定性 / 2
　　02 | 数字化正在颠覆一切 / 4
　　03 | 数字货币一波又起 / 7
　　04 | 数字货币将引发中国金融业颠覆性巨变 / 10
　　05 | 数字货币的变局 / 16

第一章 | 数字化正"断崖"式地改变我们的生活
　　01 | 坦然面对被数字虚拟化的世界 / 22
　　02 | 一场活色生香的音乐会轻松装在口袋中 / 25
　　03 | 人类阅读的"载体革命" / 28
　　04 | 抹不去的乡愁 / 33

第二章 | 无处不在的互联网金融
　　01 | 来势汹涌 / 38
　　02 | 没有什么不可能 / 40
　　03 | 适应还是退出，这是个问题 / 48

第三章 | 货币简史

01 | 货币的雏形 / 54

02 | 笑谈腰缠十万贯 / 57

03 | 马可·波罗眼中的神奇事 / 60

04 | 印花的纸 / 63

05 | 纸币的终结者 / 67

第四章 | 数字货币的前世

01 | 互联网给我们送来了比特币 / 70

02 | 透过现象看本质 / 73

03 | 危机重重 / 75

04 | 回归理性 / 78

第五章 | 数字货币的今生

01 | 路在何方 / 82

02 | 风险与机遇同在 / 85

03 | 问题一箩筐 / 87

04 | 交易攻略 / 91

05 | 新时代的管家 / 95

第六章 | 借你一双慧眼

  01 | 虚实结合，文武之道 / 102

  02 | 掀开数字货币的盖头 / 106

第七章 | 神奇的区块链

  01 | 什么是区块链 / 112

  02 | 连通传统与现实的桥梁 / 115

  03 | 携手传统 / 118

  04 | 区块链这样玩转金融业 / 120

第八章 | 聚宝盆与移动的钱包

  01 | 掌握住金钥匙 / 124

  02 | 身携数字走天涯 / 127

  03 | "两把钥匙" / 131

  04 | 谁也动不了我的钱包 / 136

第九章 | 新大航海时代

  01 | 新哥伦布帆船 / 140

  02 | DeFi 的风流 / 143

03 | 虚实接轨 / 147

04 | 元宇宙将这样炼成 / 152

第十章 | 盛宴：数字经济

01 | 必须和必将知道的 / 156

02 | 数字关系链 / 159

03 | 数字财富新浪潮 / 162

第十一章 | 数字货币投资心法

01 | 七条军规 / 172

02 | 他山之石 / 180

03 | 万变不离其宗 / 188

参考文献 / 193

PROLOGUE | 序 章

财富新风潮，
你赶上了吗

GENERAL
KNOWLEDGE OF
DIGITAL
CURRENCY

01

世界呈现出的特征：不确定性

新年的钟声刚刚敲响，人们惊讶地发现，短短几年，周遭原本熟悉的人、许多习以为常的事，大都变得看不懂了，即便略知一二，也是雾里看花，不知其所以然。对此，人们都不禁要问：这个世界怎么了？而动荡的世界却以更加深刻的不确定性回答了人们的各类疑惑。不确定性，似乎成了现今世界的最大特征。

政治上，各大国之间在不遗余力地角逐，也许昨天还打得不可开交，今天就坐在了谈判桌上。更有甚者，明面上满嘴都是冠冕堂皇的外交辞令，大灌迷魂汤，暗地里斗而不破成了新常态。

经济上，不可预知的乱象频生，G20（二十国集团）财长会议上，面对全球陷入衰退的经济形势，手握财政大权的各国诸君居然拿不出一个行之有效的解决方案。日本陷入了长时期的衰退，日元在持续贬值；英镑在走弱，全英国为脱欧还是留欧争吵不休，公说公有理，婆说婆有理，谁也说服不了谁，最后只有靠费时费力的全民公投来决定。

与世界不确定的大气候相应的，是国内实体经济不确定的小气候。诸多企业加入了这场全球不确定的大合唱。这几年流传甚广的一段话是：小老板在关门走人，中老板在苦撑，大老板呢，在冥思苦想拆东墙补西墙。人们仰天长叹：上哪里去挣钱？哪个项目才是目前的掘金正道？在一片游移不定的氛围下，人们主动也好，被动也罢，都不约而同地将目光投向了互联网，那个被数字虚拟化了的世界。于是"互联网+"映入眼帘。

所谓的"互联网+"，其实反映出实体经济的发展遇到了难以突破的瓶颈。要想打通自己的脉络，唯有与新兴的互联网结合。有人曾经这样预言：传统行业，只有自觉地加上网络，才能杀出一条血路，打出一片新天地！看吧，互联网正在聚集各种能量，在人们尚未完全醒悟之时，形成了财富第九波。这一波的财富浪潮，将以一种前所未有的方式，铺天盖地席卷而来，改变我们的惯有思维和业已熟悉的生活。

02

数字化正在颠覆一切

如今,互联网似乎无处不在,我们也在不知不觉中进入了互联网的包围之中,万维网、云计算、存储、算法、社交网站、大数据手段、手机应用软件(App)和无线连接,这些数字化技术和应用也悄然出现在我们身边,正在以不可抵挡之势改变着我们周围的一切和我们大部分生活。一个全新的、吸引眼球的世界正在萌芽,它出现得如此突然,使毫无准备者惊诧不已。如今,甚至我们熟知的许多文化已经被改变。在被改变的文化中,有些通过数字化的形式而焕然一新、活力四射,有些则相差甚远。有些我们过去视为珍宝的、认为将能永远存在的事物,在数字化浪潮的冲击下有可能不复存在。

2021年元宇宙概念爆火,加之电影《头号玩家》的视觉展现、Facebook对元宇宙概念的积极营销,以及

序章 财富新风潮,你赶上了吗

2020年新冠肺炎疫情加速了整个虚拟内容端的发展,越来越多线下场景被数字化,元宇宙概念也随之走进了大众视野。(元宇宙内容,会在后面"新大航海时代"这一章节为大家介绍。)

当大家谈论元宇宙时,有人欢欣鼓舞,认为这是人类创造的虚拟世界,在这个世界中人将无所不能,每一个人都可以有全新的身份,完全自由地依照自己喜欢的方式、极尽想象力地存在、创造着;也有人忧虑重重,这不过是"虚拟游戏",虚幻而不真实,对现实并没有任何积极的意义,很可能成为"精神鸦片""恶之天堂",人类未来必定会想方设法地逃离虚拟世界,毕竟电影《黑客帝国》《头号玩家》已经给出了启示;还有人认为,这不过是一个资本炒作出的新概念,用于"割韭菜",本质是一个新经济泡沫……

然而任何时候我们都应该学会透过现象看本质。元宇宙出现是人类数字技术发展的一个必然趋势,其中也蕴含着一定的经济学原理,这会极大地改变我们的生产消费(物品程序、代码创造和交换)、资产形式(数字资产权重增加)及资产流通方式(资产数字化流通)。只是元宇宙仍是新生事物,加之一些大公司的炒作,被"游戏式"地误读,令人迷惑、误解。任何事物的发展都具有两面性,关键在于在其发展过程中,我们要知其然更知其所以然,从而会辩证地去看待、应对和运用。

当不明白这些时,元宇宙乃至数字化技术就这样被妖魔化了。这和我们自身有着莫大的关系。过去,我们常常希望得到自己今天所拥有的令人惊叹的事物,也一直以为这既然是一个包容独立声音与观点的、人人平等的多元化的宇宙,就想当然地认为它会铺平大地而不是像现在这样孕育遮天蔽日的火山。

今天,一些特定产业及人们的生活习惯即将或已经被改变,能预见到这种改变的人很少,能考察其背景并完全理解的人则更少。

自从 20 世纪 80 年代以来,数字化技术为我们的生活提供了很多便利,不仅让我们有了更多新鲜而美妙的体验,而且降低了消费成本,成为信息畅通自由的基础。但我们必须清醒地认识到,不管我们愿不愿意、接不接受,数字化技术正在颠覆性地改变着我们的生活。

03

数字货币一波又起

可以开宗明义地讲，财富第九波，就是人们前几年还很陌生并且拒绝的数字货币。

那么，数字货币是怎么崛起的呢？

这里我们不讲一夜暴发的故事，在比特币、以太币等之前，数字货币就已经存在了，也就是说，比特币是数字货币本身发展到一定阶段才出现的。因此我们要追溯数字货币的技术起源，从而了解它的基本原理，探讨其发展的必然性。

1990年，美国计算机科学家和密码学家David Chaum创建了DigiCash电子支付系统，用户可以不透露身份对交易进行数字签名，且身份难以被追踪。可惜由于种种原因它失败了。

1997年，英国密码学家Adam Back发明Hashcash

用来标记验证邮件的真实性，并使用了一种叫作工作量证明（PoW）的技术来防止垃圾邮件。这个技术在当时并没有引起足够重视。

1998 年，戴伟（Wei Dai）展示了一个匿名的、分布式的电子现金系统——B-money。

（中本聪就是从 Adam Back 和戴伟身上获得了比特币的设计灵感！）

同年，莫斯科公司 WebMoney Transfer 开发了一个在线电子商务支付系统，提供广泛的点对点付款解决方案，还推出了数字货币 WebMoney。时至今日，WebMoney 依然存在，而且在全球 70 多个国家使用，许多国际性网站均使用 WebMoney 支付。

2006 年，中美洲一家公司创建了一个匿名汇款平台——Liberty Reserve，允许用户无须验证就能创建账户并进行转账。可惜这个平台吸引了大量网络犯罪分子，在 2013 年被关闭。与 Liberty Reserve 所提供的服务相似的还有来自俄罗斯的 Perfect Money。它是一个数字货币平台，不仅幸运地存活了下来，还成了一家国际网络银行，在此用户可以使用各种货币如美元、欧元、比特币。

2008 年，中本聪从前辈们身上汲取了灵感，发现了电子支付或数字货币平台种种问题后，采用了开源区块链技术、加密算法，建立了一种点对点的电子现金系统。

数字货币的发展是有迹可循的，从电子现金到电子支付再到虚拟货币，数字货币是伴随着技术发展、新型需求产生及全球化不断进化而来的产物。

数字货币一方面有效降低了货币发行、流通成本，提高了支付效率，另一方面能够方便、快捷、低成本甚至匿名地进行资金转移，对于跨境支付、跨境贸易、跨境资产转移产生了巨大影响。

另外，人类社会发展至今，货币早已从实物变成了"信物"。信用货币体系是"记录"个人拥有或负债情况的社会系统，现实货币仅仅是这个系统的符号，代表了财富价值衡量标准。而区块链则是提供了一种完全透明化的在线分布式记账系统，由此产生了一种与现实货币有着一些相似的功能和意义的数字货币，并给货币职能、货币理论主要内容带来了冲击。

因此，不管是金融变革、全球贸易，还是资产财富，数字货币持续地引发全球众多领域的关注，并引领了新一波财富浪潮。

04

数字货币将引发中国金融业颠覆性巨变

2020年我们见证了太多的历史：去中心化金融（Decentralized Finance, DeFi）爆发，极大推动了加密数字货币市场向前发展；7国央行和国际清算银行（BIS）共同发布首份关于数字货币阶段性研究成果报告；中国和伊朗的石油大宗商品交易抛弃了惯常的美元结算，变成人民币结算；中国人民银行开启数字人民币试点……

随着计算机技术和电子支付的飞速发展，全球金融呈现出虚拟化、数字化特点。数字货币是互联网金融的产物，其依托于区块链技术、加密技术，在未来世界有着使用需求、存在价值。在这种技术和趋势的驱动下，数字货币正在为金融领域带来颠覆性变革。

也许时至今日，数字货币依旧未有标准定义，它在不同语境中有着不同的内涵和外延。不过从广义上看，数字货币应该包括用于网络支付的银行账户或银行卡中的电子货币，Q币、游戏币及比特币、莱特币等虚拟货币。而从狭义上看，数字货币主要是以区块链技术为支撑的电子货币，其特点是去中心化，通过技术而非中心机构解决在虚拟经济体系中的信任问题，也就是以比特币、莱特币为代表的数字货币。

我们可以从发行主体、发行数量、交易安全等方面将电子货币、网络虚拟货币和数字货币做一个对比（见表 A-1）。

表 A-1　不同货币类型对比

货币类型 特点	电子货币	网络虚拟货币	数字货币（加密货币）
发行主体	金融机构（中心化）	网络企业（中心化）	无（去中心化）
发行数量	法币决定	发行主体决定	通常总量固定
储存形式	账号或磁卡	账号	数字钱包
货币价值	等同法币	与法币不对等	与法币不对等
信用背书	政府	企业	去信任化
交易安全	安全性较高	安全性较低	安全性较高
运行环境	金融网络、读写设备（POS机）	企业网络平台	P2P 网络、开源软件
典型代表	银行卡	Q币、游戏币	比特币、以太币

具体来说，狭义数字货币可以是一种基于节点网络

> **数字货币通识**
> 无现金时代的必修课

和数字加密算法的电子货币,并在互联网环境中仅以数字形式出现,它有三个核心特点:第一,由于来自某些开放的算法,数字货币没有发行主体,因此没有任何人或机构能够控制它的发行;第二,由于算法解的数量确定,所以数字货币的总量固定,这从根本上消除了虚拟货币滥发导致通货膨胀的可能;第三,由于交易过程需要网络中的各个节点的认可,因此数字货币的交易过程足够安全。

比特币没有一个集中的发行方,而是由网络节点计算生成,谁都有可能参与制造比特币,且比特币可以全世界流通,可以在任意一台接入互联网的电脑上买卖,不管身处何方,任何人都可以挖掘、购买、出售或收取比特币,并且在交易过程中外人无法辨认用户身份。

任何人挖掘的任何数字货币,只要投入流通,都是单一、留痕、可追踪并且可能是有限的。去中心化,或将彻底解决了各国央行集中控制货币发行权导致的货币超发,进而引发通胀,使百姓和企业财富缩水等问题。当数字货币成为主流货币之时,由于国家机器再也不能控制货币及货币发行,货币政策或将因此进入历史博物馆。同时,由于数字货币一经诞生就是面向全球的,国家之间利用货币竞争性贬值、打货币战等现象或许也将不复存在,甚至美元等国际储备货币也将成为过去式。接下来,从事货币信贷的银行等金融机构所有的游戏规则都要被重新设计和安排,纸币或将很快退出流通领域。这才是数字货币可能引发的颠覆性巨变。

首先,加密货币带来技术性冲击。

加密货币是去中心化货币,不需要中心机构,其状态通过分布式共识机制得以维持,理论上杜绝了作弊的可能,即使是创立者也无法操控它,从而保证了公平性,而且加密货币可用于全球支付、匿名交易。除了这些,这种数字货币还能够被开发、寻找,只要你投入足够的设备和精力,就可以创造、拥有它。加密货币有着可靠、灵活的机制,如通过密码学方式就能证明加密货币所有权,通过交易就能改变加密货币所有权,并且交易可追溯。这些特性都能为金融的发展注入透明度和便捷性,不仅在传统纸币发行领域,在传统金融领域,其技术特点都可以被借鉴和运用。

当然,加密货币有缺陷,它的稀缺性决定了流通发行量的天花板,其体量和能量还不足以从根本上改变目前人类社会的金融秩序和金融规则。加密货币更像是一种新生意,并不具备价值尺度、流通手段、世界货币等基本货币职能,而且价格有着非常大的波动性,无法如真正的货币那般价值相对稳定。同时也正是因为去中心化,缺少国家或者庞大的实体背书,其虚拟性还是导致如炒作、ICO乱象等问题。这一切都使得加密货币很难成为真正的货币。

其次,央行数字货币带来根本性改变。

央行数字货币本质上属于央行管控的数字形式的法定货

币，和加密货币相比，其最显著的特点就是中心化，有着国家信用和实力做背书。简单理解，央行发行数字货币就是将我们的现金数字化了，将其变成了存在网络之中的虚拟货币。

央行数字货币没有储存成本，没有纸质媒介，可以降低传统纸币发行、流通的高昂成本，其区块链、加密学等技术手段，会让存贷、支付、理财、风控等服务形态以及金融机构的基础设施和服务渠道形态发生改变。而金融机构的数字化能力可能是未来市场竞争的重要因素。所以现在很多国家都在试推数字货币。

南开大学金融发展研究院院长田利辉在接受《证券日报》记者采访时表示，稳步推进数字货币对我国经济发展具有以下三方面重要意义。

第一，稳步推进数字货币是国际经济竞争的需要。中国发行数字货币有助于我国的金融稳定。而且，在当前科技发展态势下，数字货币能够助推人民币国际化。

第二，稳步推进数字货币是政策工具丰富的需要。财政政策的难点往往是财政补贴的去向，数字货币可以监控资金流向，追踪补贴用途，显著提升财政支出的有效性。在货币政策上，数字货币可以优化货币传导机制，实现货币的精准投放。

第三，稳步推进数字货币可以降低经济运行成本。数字货币的发行和使用能够形成海量数据，而数据作为新型生产要素形态，能够显著提高经济运行效率，增加国家财

富。同时，数字货币能够防范资本无序流动，防止资金被滥用，对于反洗钱、反偷税、反恶意融资有着纸币所不能比拟的重要作用。㊀

央行推行数字人民币，是一种极大的金融创新，是在重建一个更适合当今时代的金融模式，这种模式也将深刻地改变中国乃至世界的整体金融格局。我们也许可以见证一个新的金融时代的到来。

㊀ 金融界. "看得见，摸不着"的数字货币助推数字经济强国建设[EB/OL]. (2021-03-08)[2022-04-17]. https://baijiahao.baidu.com/s?id=1693642675607565752&wfr=spider&for=pc.

05

数字货币的变局

不管你承不承认,数字货币已经是一场革命,且是一场颠覆性的变革,而其变革的起点就是央行数字货币。

前面说了数字货币在优化跨境支付、货币政策、国际货币体系方面有着天然优势,这让它成了货币革命的焦点。各国央行便将其改造并置于监管之下,纷纷主导发行数字货币。

2015年,厄瓜多尔推出新加密支付系统和基于这个系统的厄瓜多尔币,谋求"去美元化";2018年,委内瑞拉发布全球首个法定数字货币"石油币",希望用其来规避美国主导的金融制裁;中国2014年开始研究数字货币,2016年搭建了第一个数字货币原型,2019年以来陆续确定了深圳、苏州、成都、雄安等"10+1"个数字人民币试点地区,2021年,根据央行数据披露,2021年上半年，我国已经开立数字人民币个人钱包2087万余个、对公钱包351万余个，累计交易金额约345亿元……

越来越多央行数字货币的逐步推出，将会带来一场新的货币变革，数字货币也将会像历史上的那些货币形态一样，再一次深刻影响金融体系，影响人类社会的发展。

除了央行的主推，还有来自企业的变革力量。

企业方面，作为网络上用来替代现实货币流通的等价交换品，实质上虚拟货币已经实现了货币的部分职能，如流通、交换。如2014年11月，《华夏时报》曾报道，从事游戏等互动娱乐社区类产品支付的神州数字新金融科技集团已与30家游戏公司达成虚拟货币支付协议，之后又有媒体报道神州数字投资两家数字货币公司，试水数字货币行业。这是在那一年数字货币"寒潮"期间发生的一件不容小觑的事情。

当下，元宇宙概念大热，美国风险投资家将元宇宙支付定义为："对数字支付流程、平台和操作的支持，其中包括法币与数字货币的兑换（Fiat On-Ramps），以及诸如比特币和以太坊在内的币币交易金融服务，以及其他区块链技术。"简单来说，元宇宙支付包含法币与数字货币，这也会是未来的一大趋势。

世界上最可怕的事情就是在你原地踏步的时候，比你厉害的人却在迈着大的步子向前走。我们必须清楚地意识到，数字货币不仅是一种创新，更是一种对未来的憧憬，一场技术的变局。

那么，如何参与这场变局？

孙江涛是神州数字行政总裁，曾创立了神州付、钱袋宝等企业。对他来说数字货币就是一个大的趋势，他曾将数字货币产业划分为三个阶段："我之前在跟朋友聊天的时候，将虚拟货币产业划分了三个阶段：萌芽期、成长期、成熟期。萌芽期，我定义为2009年到2013年，这第一个五年主要解决虚拟货币生产相关的问题，典型代表就是挖矿产业的繁荣；成长期，我定义为2014年到2018年这五年，标志事件就是交易所的诞生，交易所完成了法币和虚拟币的自由兑换，虚拟币应用将会在这个阶段开始爆炸式发展；第三个阶段就是成熟期了，虚拟货币支付成熟之后，世界会变成什么样子，大家一起来想象，路应该还要很长。"

萌芽期，吸引的是极客、体验者，他们怀有信仰，看到的是数字货币的变革力量。成长期吸引投资者，投资者看好数字货币的利润空间。今天我们正在进入成熟期，这个阶段有了前两个时期的积累，随着数字货币的发展，用数字货币消费、跨国跨区域结算，安全快捷、灵活应用，加之央行数字货币助推和元宇宙经济爆发，人们的消费方式和支付方式将被改变，越来越多的人会成为数字货币使用者。

面对数字货币，我们可以有三种身份：单纯的投资者，但是要做的不是炒币，而是发现价值，让自己多一份可靠的数字资产；数字货币使用者，当然这需要一定的门槛，但一切都可以通过学习解决；如孙江涛一般成为数字货币产业从业者，但要做的不是滥发空气币，而是踏实地以技术力量、创新理念去推动数字货币的发展、应用。

当然，当今数字货币的发展还远未完全成熟，主动选择还是被动选择看你的眼光，但一定记住不与趋势为敌！

第一章

数字化正"断崖"式地改变我们的生活

GENERAL KNOWLEDGE OF DIGITAL CURRENCY

01

坦然面对被数字虚拟化的世界

对于科学技术的进步,长久以来,总是存在着两方面的声音:一是科学技术能够让我们的生活更美好,二是科学技术可能将我们原有的生活颠覆。从历史发展的角度来看,乐观也好,悲观也罢,它都是不以人们的意志为转移的。在虚拟的数字世界到底能够给人类带来什么这一点上,人们一开始表现出的是无能为力、无可奈何,渐渐地,人们试图接近它、了解它,最后拥抱它!那么,既然它来得任性,来得没商量,我们不如索性放开自己,打开心扉,坦然面对。要知道,在运动发展的世界面前,我们永远是小学生,只有顺流而下,才能幸运地少受或不受伤害,才不会被时代远远地抛在后头。

20世纪40年代以来,第三次科技革命在蒸汽机、电气化的基础上实现了自动化转变。数字化正在引领着人类的第四次科技革命，一些长久以来的传统生活方式和法则也面临着严峻的挑战。

如营销变革。曾经报纸、电视是营销的主要阵地，但是自2008年以来，全世界印刷媒体的广告收入不断下降，与此同时，广告场景植入、小剧场、短视频带货等形式成为主流。而随着元宇宙的兴起，人类即将开启元宇宙营销时代，如2021年"双十一"，各大品牌携手支付宝推出各自的NFT○藏品。其实从虚拟品牌产品到NFT，从游戏中的品牌商店到虚拟音乐会和时装表演，在过去的2021年里，各大品牌已经进行了十几次试验，以寻找出在互联网的下一次迭代中有效向消费者营销的方式。对于品牌来说，元宇宙是一个新的营销生态，一方面改变了营销方式，另一方面也带来难题，品牌需要更努力更积极地主动创造自身的虚拟未来。说到底，消费者生活在今天和"明天"的场景中，品牌不可能再用传统的营销方式来刻舟求剑。

数字化进程对我们个人来说影响也同样深远。比如元宇宙将对人的创造力提出更高的要求，AI或将抢走一些人的饭碗。但我们也应该看到数字技术的应用将重塑政

○ NFT，全称为Non-Fungible Token，指非同质化代币，是用于表示数字资产（包括jpg和视频剪辑形式）的唯一加密货币令牌，可以被买卖。

治、经济、文化、社会、生态的格局和秩序。数字世界和物理世界将高度融合，地域、种族、国家的边界将不再分明，因为出生环境不同而造成的个体命运差异将被逐渐缩小。每个人都是一个独特的个体，在个人意愿主导下的数据分享和连接，将使我们平等地享受全球性的服务资源和信息，并在一个自由的时空中充分地创造个人价值。

一切都是机遇与挑战并存，我们看到挑战，更应该看到机遇，看到数字化、虚拟化、智能化给人类社会带来的种种益处。而一切也都会掌握在人类自身手中，一切的应用也都是为我们的生活、工作服务，我们将一切合理化应用，便是在创造全新的世界！

02
一场活色生香的音乐会轻松装在口袋中

多年前,一个朋友说起,他想写一个程序,就是把几百首自己喜欢的音乐,浓缩在一个很小的芯片上,然后就可以用电脑反复播放了。我们听后没有反对,但觉得他是异想天开。但很快,两年后,就有公司发明并推出了更易携带、容量更大的音乐播放器(MP3)。到了 2010 年前后,当互联网技术波及各个行业时,音乐产业也难以幸免,历经沧桑巨变。

当时音乐平台兴起,大家通过网络上传、播放、下载音乐。不管名气如何,几乎所有音乐人的作品都能在网络上找到,并处于免费共享状态。供幸运音乐家轻松赚大钱的机会已不复存在了,一同消失的还有闲暇时听音乐必须付费给唱片公司和音乐家的概念,再加上猖獗的盗版问题,唱片业衰落的命运早在那时就已注定。

这足以证明数字化技术能够彻底改变一个行业。数字化技术使音乐不再局限于物理范围内，人们长期熟悉的音乐行业早已发生了改变，用音乐赚钱的方法也发生了改变。

2015年，国家版权局出台了一系列文件来规范音乐产业，从那时起，一度混乱的音乐共享时代结束，取而代之的是虾米音乐、网易音乐、腾讯音乐等平台的大手笔版权之争。卖唱片也变成了卖会员、卖数字专辑。

你可以在音乐平台上免费试听很多流行音乐，但是当你想要下载时便会弹出"版权方要求，当前资源仅限会员使用"这样的对话框，或"购买数字专辑¥2.0/张"等字样。而这样的数字专辑，销量也是十分可观。2016年，李宇春的专辑《野》在QQ音乐独家发行，58秒销量就突破5万张，14小时突破100万张。在付费水平不高的当时，这样的销售成绩也意味着更广的人群覆盖。同时音乐人还可以借助数字音乐平台的多种收益模式，如赞赏、预售、众筹等来售卖自己的音乐作品。这样的方式不仅聚集了人气，也让音乐人获得了相应的收益。

时至今日，国内数字音乐产业的版权问题已经得到明显改善，互联网的发展让音乐人在作品宣传、作品形式和覆盖渠道方面有着更多的选择，其作品可以在多场景曝光，形成合力，持续引发关注。

凭借多元化平台和数字化作品，不管是乐坛新人的一夜爆红，实力老匠的惊艳回归，还是原创音乐人的小众圈粉，都为数字时代的音乐产业带来了勃勃生机。而对用户来说，不管是作品，还是令人疯狂的大型音乐会，只需要点击收藏就可以下载保存，只要内存足够大，甚至能将音乐人费心创作作品、筹办音乐会的过程装下，什么时候有空都可以拿出来欣赏。

不仅如此，随着数字化深入发展，区块链技术将更好地解决音乐版权问题，借着NFT，音乐人可将作品变成自己的数字资产。此外，元宇宙也在创造新的演唱会形式。

2021年一场元宇宙直播演唱会来袭，演唱者是一款AI虚拟人，具备真人的实时表情、动作。演唱会中的虚拟人和虚拟场景全部基于三维立体建模构建，观众可通过手机短视频平台观看，未来还可以用VR眼镜观看，观众不仅可以走进演唱会，还可以跟主播进行沉浸式互动。很多知名歌手也纷纷表示要在虚拟世界中以虚拟形象进行表演。虽然虚拟世界还没有成为我们日常生活不可分割的一部分，但是在"另一个世界"听歌、听演唱会已经彰显出数字化冲击的魅力，也许虚拟世界的音乐会将是一个音乐新风向。

03

人类阅读的"载体革命"

这是我们另一个朋友的一段经历。

20多年前,他不知从哪里得风气之先,看到了数字技术的前景,于是在广州新市一个偏僻的校区里,租了成栋的写字楼,购置了300台电脑,招聘了300名懂电脑技术的员工,花费了近两年的时间,将在国内有一定知名度的某报纸内容细细分成新闻、消息、公告、特写、散文、游记、报告文学、小说、图片等多个类别,将这些内容一一输入电脑,刻成光碟,然后再高价出售。

与此同时,另一个朋友走得更远,他将年代久远的国内外许多部著作,分科目一一收录,从艰涩的文言文到唐诗宋词和明清小说,再到现代文学作品和科普读物。他的广告语就是建立一个家庭图书馆,使2000多本图书尽在掌中。也许是想法太超前了,他们并没有获得想象中的成功，在耗尽了上百万元资金后，项目就偃旗息鼓了。

现在想来，他们是"时运不济"，虽然预见了未来，但未切中时机。当时出版行业的发展风头正劲，一本书刊的发行量，少则几十万，多则上百万。当时的某本杂志，每月在发行日那天，甚至会影响广州一条街的生意，无论图书、杂志还是报纸的销量，都会上升，有的高达 30%。

然而，不过几年，纸媒就开始衰落了。2013 年年底，《新闻晚报》率先宣布停刊，随后《竞报》《天天新报》加入休刊行列，让人唏嘘不已。国内某些著名的杂志也显现销量不断下滑的趋势，利润更大不如前，有的甚至靠副刊的营收在勉强支撑。

国内情况不容乐观，那么国外情况如何呢？

2012 年，《新闻周刊》纸质版停止发行，改为只发行电子版。2013 年 5 月，享誉全球的《华盛顿邮报》传来了一个令人沮丧的消息，它的印刷部出现巨大亏损，11 月《华盛顿邮报》被亚马逊掌门人贝佐斯收购，而总部大楼则被以 1.59 亿美元的价格卖给了卡尔地产公司。《纽约时报》广告收入持续下滑，为谋求转型，它几乎卖掉了所有与新闻无关的资产，重新专注于《纽约时报》本身的产品，其公布信息不再完全免费，而是强烈鼓励大家付费。红极一时的《时代》《人物》《体育画报》《财富》等报刊也都从巅峰跌落。

与纸媒衰落不同的是数字阅读的兴起，数字化成了一个新的转型机遇。

2015年1月21日，中文在线在深圳证券交易所创业板上市，成为中国"数字出版第一股"，驻站网络作者超过百万名，主营业务为提供数字阅读产品、数字出版运营服务和数字内容增值服务。2017年，掌阅科技在上海证券交易所主板上市，月活跃用户过亿……数字化阅读已经成为人类阅读发展的大趋势。作为和广电、网络同一层面的媒介，纸媒虽然不会消亡，但是被数字媒体分走蛋糕是不可逆转的潮流。

其实从甲骨、金石到竹卷、绢布再到纸书，人类阅读方式一直向着更方便、更低成本、更易普及的方向不断演进——人类社会的每一次阅读革命，也都来源于阅读载体的变化。数字化阅读不过是新一轮的"载体革命"，就像曾经的纸张替代竹卷，其间必然会有优胜劣汰，对传统出版业的影响和冲击是毋庸置疑的。

今天，数字化阅读可借助公众号、微信阅读、当当云阅读等载体，加之更经济、可同步多个设备、更新更及时、信息检索更方便、能提供个性化推荐、内容选择更多样，让我们可以随时随地地查阅书籍及信息，每个人都在享受着"一屏万卷"的全新阅读体验。

《2020年度中国数字阅读报告》显示，2020年中国数字阅读用户规模为4.94亿，同比增长5.56%；数字阅读行业市场整体规模为351.6亿，增长率达21.8%；

第一章 数字化正"断崖"式地改变我们的生活

人均电子书阅读量9.1本，人均有声书阅读量6.3本，较2019年增长5.5%。与此同时，人均纸质书阅读量6.2本，同比2019年减少2.6本；2020年用户平均单次电子阅读时长为79.3分钟，纸质阅读时长为63.2分钟，有声阅读时长为62.8分钟，17点至22点是阅读的"晚高峰"。㊀

不仅如此，数字阅读将实现智能化转型，数字技术和元宇宙将重新定义阅读。

随着5G技术的普及，数字阅读领域的云服务、物联网等进入发展的快车道，云端图书馆、云书店等新场景、新模式涌现；VR技术则将人的感官延伸至"书中世界"，让阅读变得更直观；AI智能融合我们的经验知识、逻辑判断和机器算法，进行内容编辑、内容分发，未来我们可能将这样阅读：动效、配音、镜头被融入阅读内容，读者可以与书中人物对话，畅游书中世界。

在未来的元宇宙，我们或以自身数字替身与作者隔空对话，或收藏这本书的某一数字藏品，或亲自构建数字世界……读一本书不再只是握在手里读，而是通过技术手段跳出时空限制，收获可读、可玩、可交流互动的全新阅读体验。

㊀ 央广网.2020年度中国数字阅读报告发布 全国用户规模已近5亿[EB/OL]. (2021-04-17)[2022-04-18]. https://m.cnr.cn/local/list/20210417/t20210417_525464407.html.

我们固执地认为：阅读习惯是人类在几千年的进化发展过程中，从竹简到纸张的发展中逐渐形成的，还没有一种东西可以替代人类愉快的阅读习惯和书写习惯。数字技术的发展，元宇宙的到来，也并不是改变、替代人类的阅读，而是让我们能以更便捷、生动的方式近距离地走进一个全新的阅读世界。而这和前文的音乐新风向一般，是数字化对人类文化及文化产业的别样冲击和演绎。但这也只是冰山一角。

04

抹不去的乡愁

最近几十年,随着改革开放的步伐不断深入,乡村发生了天翻地覆的变化。尤其是这几年挂在人们嘴边的城镇化建设,很多乡村正在逐渐没落,许多在城市打工的青年人,在春节长假回到家乡,竟有不知客从何处来之感慨,年味少了,乡情没了,剩下的只是乡愁!这种情况似乎不只出现在中国,很多国家在现代化的过程中,都不可避免地要走这一步。

世界性的大都市有着明显的吸引力:丰富的经济文化活动把各色人等聚在一起,在此人们有机会持续接触新鲜有趣的人和事;这里有使人心浮动的刺激因素、容易欣赏到的大型文化活动、种类多得惊人的饮食,加上其他地方很难找到的无数商品和服务。这些构成了特大型城市不可阻挡的魅力。但现如今,由于无所不在的数字化生活的来临，这些魅力被弱化了，在有些地方甚至消失了。

当然，也应该承认，我们对城市确实过分崇拜。对消费的渴望将城市物价推向新高，新移民如不愿忍受艰苦生活就根本无法承担高昂的成本，更别说发家致富，前些年很多年轻人大喊要逃离北上广，就是源自这种现实的压力。在美国，这种情况在特大城市纽约、波士顿、旧金山等地表现得尤其明显。很多人认为，长期的过分城市化可能会导致城市活力的衰退。我们已看到即使在这些充满活力的城市最富魅力的地段，一些精致小巧的商店、独具特色的服务都消失了，代之以无数银行分支机构和普及全国的连锁店，这正是使人伤心的故事。而且数字化正在猛烈撞击着城市得以建立的砖瓦基石，它总在诱使我们上网，"马上下订单"，或以其他形式在线消费，而不是走着去店铺购物，即所谓的"实体购物"。

部分老一辈城市精英们热衷于宣称城市已经终结。他们一致同意某些城市的物价高得离谱，如果能够重新活一回，他们不会在年轻的时候来到现在的特大城市；他们会去一座快乐温馨的小城，那里房价便宜，音乐动听，不会惊扰楼下基金经理孩子们的睡眠。在他们看来，城市已经终结。

数字化现在正重新规划着城市的景观，这或许将使一些景观失去长期的活力。因为数字化提供的是一种"即刻满足"的方式，不管你身在何处，它都能马上让你身临其境——这意味着你不必亲自到达某个地点，不必实质性参与过去我们所说的"城市生活的核心"。

数字内容有它的方便性，但又通过宽带、复杂的软件和计算，强有力地把原本喜欢冒险的人定在屏幕前，他们本是要上马路生活的，现在看网络电视成了生活的一部分。

几乎再也没有那样的时光和那样的地方，可以让我们像小时候一样，不被打扰地、静静地躺在村头一棵突兀的大树下，看花开花落，吟咏古人的诗篇，悠闲地等待太阳一点点西沉，感受炊烟在田垄上如仙似雾地升腾起来。

喔，那抹不去的乡愁，总是淡淡地驻留在人们的心头。

CHAPTER 2 | 第二章

无处不在的互联网金融

GENERAL
KNOWLEDGE OF
DIGITAL
CURRENCY

01

来势汹涌

10多年前，什么词最热？互联网金融！

腾讯微信理财通上线，较高的收益率让用户蜂拥而至；支付宝推出余额宝后，又推出了信用支付服务，用户使用支付宝可以直接透支消费；京东商城、当当网、拉卡拉等33家企业发起成立国内首家互联网金融行业组织——中关村互联网金融行业协会……

以前由银行扮演的金融服务提供者角色正在被互联网公司、第三方支付企业所挑战，互联网金融来势汹汹。受互联网金融的冲击，一向偏爱高净值客户的银行不得不主动放下身段，对小额资金客户示好，不仅积极构建网上银行、推行在线业务，也纷纷销售了类似余额宝这样的高利率产品，金融机构加快了转型步伐。

那么，什么是互联网金融？

第二章　无处不在的互联网金融

互联网金融简单理解是互联网技术与金融服务的"联姻",依托大数据和云计算在开放的互联网平台上形成的功能化金融服务体系和金融业态,包括基于网络平台的金融服务体系、金融市场体系、金融组织体系、金融产品体系以及互联网金融监管系统等。

理论上,任何涉及广义金融的互联网应用都可以算是互联网金融,具体来说,网上银行、第三方支付、金融中介、在线理财产品、金融电子商务以及数字货币投资、交易等都是互联网金融。互联网金融还是传统金融行业与互联网精神的"联姻"。互联网具有"开放、平等、协作、分享"的精神内涵,这些恰恰是曾经的传统金融的短板。在互联网金融模式下,资金供求双方可以通过网络平台自行完成信息甄别、匹配、定价和交易,整个过程更加开放自由;用户能够突破时空的制约,在互联网上寻找金融资源,金融服务更加直接;互联网金融业务借助互联网技术处理,操作流程完全标准化,不需要传统中介,不需要排队,没有交易成本,服务更加便利……

我们可以看出,结合了互联网精神的互联网金融具有普惠性、平台性、信息化、碎片化等优势,更亲民、更便捷、更经济、更高效,这些优势也倒逼着传统金融行业向普惠化、平台化、智能化进化,从而提升了整个金融服务体系的效率和质量,改变了我们的生活方式。

02

没有什么不可能

我们有一个朋友，人称李总，20多年前已下海经商，生意顺手的时候，手下有几十人，自己也换了房子、车子。但自几年前他经营的杂志出版生意萎缩以来，其产品所占市场份额越来越小。他几次想要突围，杂志的内容改了一次又一次，封面也越来越艳丽，但无论怎么努力，杂志一上书摊还是卖不动。他又想到在网上发展，想做动漫，可谓费尽心力，但总是不复以前的风光。最终，他想到找人投资，但谈来谈去，投资人都没有出到他要求的500万元限额，他也只好偃旗息鼓，以待来日了。

这时出现了一个小插曲，李总的一个老同学生产百香果醋，货卖得很好，却因没有现金扩大生产线，常常供不应求，白白丢失了大部分市场。老同学找到他，希望他能想想办法。他抱着死马当活马医的想法，把老同学的项目发到了微博和一个寻找创业项目的网站上，并承诺会给支持者诱人的回报。通过后台审核后，这个项目引发了很多支持者的热议，他们甚至为李总提出了很多中肯的建议以及发展方向。李总一改往日的故步自封，根据支持者的建议对产品及包装做了多次修改。大家的互动非常热烈，最后产品得到了多数人的认可。趁热打铁，李总又将自己以前的项目以及想法都一并发给大家讨论。李总还发起众筹，很快得到了上百万元的资金，不但让老同学的百香果醋有了出路，自己原先费尽心血的杂志和动漫项目也顺利启动了。这样的结果，大大出乎李总的意料，他也因此感受到了网上众筹的威力。

李总之所以能如愿以偿，不仅在于他的产品能够打动陌生的支持者及回报足够吸引人，还在于互联网强大的融资能力。这就是互联网金融的具体体现形式。如果李总不懂互联网金融，完全不知道众筹模式，他又如何能让自己和老同学的这些项目起死回生呢？

广州番禺杨总的情况更加夸张。20年前，从老家湖北来到番禺打工的他还在一家企业做保安。如果没有碰上工厂的技术员，他也许会安心于保安的工作，不去操其他的心。一个偶然的机会，工厂的那位技术员和他聊天，鼓励他自己干，技术员可以将自己已有的几个专利转给他，条件是必须占有25%的股份。杨总一想自己做保安几时才能混出头，就一咬牙一跺脚，自己成立一家外贸企业，专门生产节能电池，供给生产电动车的厂家。杨总的理念不可谓不超前，生产的产品也不可谓不新颖，但巨大的科研费用让他捉襟见肘。2016年年初，杨总向某银行申请了1000万元的短期贷款，但因无法满足该银行必须抵押两套房产的条件而被拒之门外。如果资金再周转不开，公司的资金链就会有断裂的危险，他急坏了，见人就拜托帮想想办法。

于是我们告诉他到网站上去试试，说不定能成功。经过我们的指导，杨总对公司进行重组、股权改造后，将自己的生产优势和与客户签的合同全发到了网上，并在各大网站上找出了六款抵押类个人商务贷款。我们帮他分析了月供和利息水平后，他先后向民生银行和中国邮政储蓄银行提交了申请，这两家银行的信贷客户经理很快就和他取得了联系。经过沟通和比较，杨总最后在中国邮政储蓄银行信贷客户经理的帮助下获得了该行1000万元贷款，解了公司的燃眉之急。

如今，像杨总这样有独家产品却无力继续生产，需要金融力量帮忙的企业还有很多，相信随着互联网金融的日益成熟，可供融资的金融平台会越来越多，从而给企业主解决企业资金问题带来更大的便利。以小见大，可见互联网金融对个人和企业的发展有着极大的促进作用。

几年前曾有人说过，IT的发展将会使未来部分企业转变成IT企业。这话如今已经变成了现实。同样的道理，

第二章 无处不在的互联网金融

互联网金融的发展也可能使得未来部分企业转变成金融企业。正如 IT 企业并非以 IT 产品为生，而是指企业 IT 化，IT 将在企业运营中起到重要支撑作用，这里的金融企业也不是仅指企业都以金融产品为生，而是指企业拥有自己的金融工具，可以通过这个工具解决自己的金融问题，也就是企业的资本模式发生了改变。

大型企业无论是为自己筹资还是为上下游企业筹资，都可以通过搭建自己的 P2P 借贷平台来实现：大型制造业为设备购买者筹资可通过融资租赁的方式来实现，普通制造业或创意类公司为自身产品的融资可通过众筹来实现，等等。而中小型企业也可以通过众筹、P2P 网贷、供应链金融等互联网金融模式来解决资金问题。

未来将会有越来越多的金融服务通过互联网展开，也就是说，互联网金融将来会渗透到企业发展的各个环节，比如企业要研究产品市场份额，就需要借助大数据金融；企业要融资，就需要通过众筹平台；企业要给合作客户汇款，也需要通过第三方支付平台实现。如此种种，不一而足。

所以，在互联网金融时代，企业的生存、发展和互联网金融息息相关，互联网金融是企业无法绕过的潮流，企业必须置身其中，不能也无法置身事外。未来十年，互联网金融会形成一张铺天盖地的大网，网住有生命气息的企业，对人类的生活和工作产生巨大的影响。

思路决定出路，选择决定未来。在过去的十年中，桌面互联网让很多企业享誉全球，如谷歌、百度、阿里巴巴、新浪、雅虎、搜狐、腾讯等，也让很多人登上人生的巅峰，如拉里·佩奇、谢尔盖·布林、马云、马化腾、李彦宏、张朝阳等。这让那些曾经痛失或不屑于互联网时代机遇的人后悔莫及，因为他们从未预料到会是这样的结果。

但是，不要羡慕过去的时代，因为它已经成为历史。当下，随着互联网金融时代的到来，移动互联网才是时代的主流，毕竟如今的移动端早已超越 PC（个人电脑），新的秩序和模式已经建立。

今天互联网的空间有多大，未来移动互联网会有十倍以上的空间。此话一点都不夸张。截至 2021 年，全世界总人口已超过 70 亿，手机用户约 40 亿户，中国手机上网用户超过 16 亿户。如果说桌面互联网是一座金矿的话，那移动互联网就是一座钻石矿。

在这个蕴含着亿万财富的新时代，没有什么绝对的事情，因为一切皆有可能，结局往往出人意料。

2013 年，一家成立于 2012 年的网上零售公司在互联网上声名鹊起，一时间业内人士无人不知。2012 年企业成立，当年"双十一"单日销售额达到 766 万元，一时间让业界热议纷纷；2013 年的"双十一"单日销售额竟然达到 3562 万元，创下了电商行业的又一个销售奇迹。

随后该企业连续 7 年位居"双十一"天猫食品销售额第一名，累计销售产品超过 200 亿元，用户数超过 1 亿。这家企业就是"三只松鼠"。

三只松鼠坚持走"互联网顾客体验的第一品牌"和"只做互联网销售"的路线，因为它认为只有这样才能充分运用移动互联网的优势。如今，不论用微博、微信还是微店进行搜索，只要输入"三只松鼠"，就可以轻易地找到三只松鼠的网店，随时随地进行关注。三只松鼠与客户的互动也是随时随地的。三只松鼠的员工每天会对消费者的反馈进行数据分析，如核桃是咸了还是淡了，然后根据客户的意见马上改进，而这些优势往往是传统企业不具备的。就拿对产品的改进来说，一般传统企业只是阶段性改进，而三只松鼠却可以做到实时改进，这就是差异。

在三只松鼠声名鹊起后，很多人都说：这个世界真是太疯狂了，一家坚果销售公司都能有这样惊人的销售业绩。其实，只要我们深入地研究一下三只松鼠的营销模式，就可以得知三只松鼠的成功绝非偶然，也不仅是靠运气：三只松鼠利用移动互联网思维经营企业，并且将这种思维利器运用到极致。

曾经的手机巨头诺基亚早已颓势尽显，在全球范围的竞争中连连败北。面对这一结局，很多人依然不敢相信这是真的。因为他们无法想象如日中天的诺基亚帝国竟然会如此迅速地走向衰落。这也正印证了本节的主题：移动互联网时代,一切皆有可能。

自从2007年苹果手机问世以来,全球智能手机大热,一时之间,全世界范围内掀起智能手机制造热潮。苹果、三星、小米、华为、酷派等国内外知名手机品牌以大数据为依托,不断开发用户需求,不断进行产品创新,在手机外观和内容设计方面都做出了巨大突破,争取了不少市场份额。

但是,这时候的诺基亚仍然固守着功能手机的市场,没有对数据业务和智能化提起足够的重视,没有对移动互联网投入过多的关注,正是因此,让它失去了持续发展的机会,并逐步走向衰败。时至今日,海量的"诺粉"(诺基亚的粉丝)已经纷纷转化为了"果粉"(苹果的粉丝)、"米粉"(小米的粉丝),诺基亚曾经的千亿美元市值到2022年1月已缩水至343亿美元。要知道,鼎盛之时,诺基亚的市值曾是苹果的24倍!

诺基亚败了,不是败给了对手,而是败给了自己,败给了自己不能与时俱进,败给了自己不懂得运用大数据,不懂得不断创新,不懂得迭代,不懂得提升用户体验……用一句话总结:诺基亚败给了这个时代。

其实,放眼全世界的IT行业,败给时代的IT巨头又何止诺基亚,爱立信、HTC……这些耳熟能详的名字都曾经在硬件市场荣耀一时,但在移动互联网的冲击下,在所有行业都在利用互联网思维求存、求变之时,它们却迟迟不能对这些变化做出反应,最终不复当年风光。

房产大亨王石曾经说过一句意味深长的话,淘汰你的不是互联网,而是你不接受互联网。今天在这里,我们想说的是:"互联网已经落后,移动互联网才是后起之秀,将来一切都要受它的影响。不管你现在经营的是小微企业还是超级巨头,在这个时代,一切皆有可能。"

总之,任何企业要想在这个竞争激烈、风云突变的时代里脱颖而出,就必须积极拥抱移动互联网时代,汲取其中的精髓,将企业武装起来。只有最先进的营销理念和最精准的决策思维,才能帮助企业展开正确的战略布局,让自己的企业笑到最后。

03

适应还是退出,这是个问题

现在朋友聚会,散场时很少有人会到路边笔直地站着,等过往空着的出租车,然后蜂拥而上,和几个陌生人争抢,有时一言不合甚至会打起来。人们一般会潇洒地使用打车软件,预约好车,几分钟后,车会如约而至,如同专车一样来到他们指定的位置。

我们一个朋友对打车软件赞不绝口,多次劝身边的人下载这个软件,几次声言要加入这个系统,因为他自己的私家车闲着也是闲着,不如在街上跑跑,一来可以消磨时光,二来趁机可以接触很多人和事,不让自己和社会脱节,三来也能够挣点钱补贴家用,总之一举多得吧。他说:"你想都想不到,现在会有这样神奇的事!"

今天神奇的新鲜事物又何止是打车软件这一个呢,互联网金融时代的发展就像高速铁路一样,催着人向前跑,一切都是日新月异的。很多新生事物往往昨天还未耳闻，今天却悄无声息地冒出来，从孕育到生长再到成熟，让人们猝不及防，又给人们带来极大的便利和实惠。这是一个革新的时代，任何人或企业如果无法适应这个时代，就会被淘汰。

诺基亚曾是数字世界通信技术的先驱，就在它沉醉于自己的成功中时，2007年iPhone横空出世，终结了它的"王者时代"；柯达自1955年至2000年，一直位列世界500强，然而2012年它宣布破产，令人无限唏嘘；曾是中国家电行业龙头的国美，转型走得太慢，错过了一个时代，面对京东的"打劫"，一步落后，步步落后。时代浪潮的后浪掀前浪，淘宝冲击着线下千万实体店，支付宝电子支付、花样借贷主导着年轻人的用钱、花钱方式；微信不仅让中国移动和中国联通这两个巨头在电话和短信方面的业务遭受重创，微信支付功能更是和支付宝一起统治了移动支付领域。

相信大家应该还记得2012年的那场"世纪赌局"。万达集团的王健林、阿里巴巴集团的马云齐聚2012年度的央视年度经济人颁奖现场，二人对赌：10年后，如果电商在零售市场占据50%的份额，王健林给马云1个亿；如果达不到这个份额，马云给王健林1个亿。当时中国电商占零售市场份额仅20%，很多人心中都为马云暗暗捏了一把汗，但马云胸有成竹，微笑着请在场所有人为这个赌局作证。

事实上,赌局只是表象,更需要在意的是企业领袖的实际行动。苏宁、大润发、银泰……它们身后都有阿里巴巴的影子,马云更是提出"新零售"概念,在线下攻城略地;王健林曾拉着百度和腾讯,砸下巨资,共同注册"飞凡网"电商平台。

如果从赌局的表象中剥离出来,冷静地分析,我们不难看到,这两人的赌局根本上代表了传统商业与电子商务之间的冲撞。虽然王健林把话说得慷慨激昂,义正词严,但颇为讽刺的是,他一面与马云约赌,一面带领自己的企业紧锣密鼓地进军电商领域,甚至不惜花 200 万元年薪为万达寻找电商 CEO(首席执行官)。王健林的举动不言而喻,他显然已经看到了在互联网金融大背景下,企业如果不及时变革就会惨遭淘汰的命运。

对此,媒体做了一个非常诙谐又直白的比喻,互联网+商城,就等于购物网站;互联网+出租车,就等于网约车;而互联网+婚介所呢?就等于相亲网站。

如今,越来越多的企业都开始拥抱 O2O(线上到线下),拥抱互联网金融,以赢得先机,赢得未来。无论你的企业身处哪个行业,是什么性质的企业,如果无法在这场互联网金融时代竞技中迅速变革,快速起跑,就很难抢占未来的市场。

未来十年,中国商业领域将进入大规模跨界"打劫"时代,所有大企业的粮仓都可能遭遇另一企业的"打劫",

那些不能与时俱进、来不及变革的企业或将遭遇前所未有的劫数。知名的沃尔玛正在关闭自己的多家门店，这个曾经风光一时的零售之王，正面临着梦醒之后如何华丽转身的迷茫、困惑。

不可否认，许多企业家也在求新求变，为了公司能在这样铺天盖地的巨变浪潮中生存下来，可以说使出了浑身解数，希望他们能以不断革新的心态和精神为企业出谋划策，帮助企业适应这个时代，走在这个时代的前列。

从当下的形势看，可以肯定地告诉大家，互联网金融时代的大幕已经拉开，这是一场变革的盛宴。历史正在以某种相似的面目残酷地再现。我们的耳边又响起了那句著名的台词："生存，还是死亡，这是个问题！"换成今天的话说就是，是适应还是离开，这是每个试图在这场汹涌的浪潮中游泳的企业家们都应该先弄清楚的问题。

CHAPTER 3 | **第三章**

货币简史

GENERAL KNOWLEDGE OF DIGITAL CURRENCY

01

货币的雏形

毫不夸张地说，货币是人类最重要的"发明"之一，其诞生与人类文明发展变迁息息相关。

在学会刀耕火种时，人类历史上出现了两大行业——原始农业和原始畜牧业，人类也因此有了剩余的粮食和肉，于是种粮的为了吃肉，养殖的为了吃粮，部落间开始互相交换产品，如一头羊换一袋粮，这便是易物交易的开始，农作物与牲畜既是商品也是货币。

在吃饱饭后，人类有了多余的时间去思考和创造，原始手工业开始发展，诸如纺织、酿造、陶艺等，这些行业的手艺人不必再花时间、精力去种植、养殖，只需把自己创造出来的东西拿去换取食物就行。渐渐地，交换的品类越来越丰富，原始货币出现了，如陶艺和织物。易物交易日益成熟，但问题也随之出现。每个人不可能都遇到想要直接交换的物品，总要兜兜转转交换多次才能交换到自己想要的物品。于是人类将那些体积大、不易保存、不易分割的原始货币淘汰，将大家都需要、都喜欢且易于携带的物品（如贝壳、石头）发展成一般等价物，用于交换任何物品。

贝壳是我国最早的货币形态，在当时它是美丽的象征，人人喜欢，且坚固耐磨，便于携带。另外贝壳产自海洋，得到它颇不容易，这种稀缺性使其价值较为恒定。人们用贝壳买食物、买器物，也用贝壳来计算物品的价值（普通物品通过与贝壳比较确定价值）。其实不只是我国，很多国家都曾使用贝壳作为早期货币。

所以，一件物品想要成为货币，前提条件是必须被普遍接受，这样大家才愿意用它来交易。货币也一点都不神秘，一开始不过是普普通通的商品，随着交易频繁程度的加大逐渐"脱离"出来成为一般等价物，可以用来交换各种各样的其他商品，并成为价值尺度（货币表现和衡量其他一切商品价值的大小）。

随着人类社会不断进步，商品交易日益发展，天然贝壳因为数量有限，无法满足交换需求时，仿贝出现了。它们材料各异，有玉贝、青铜贝等。仿贝上还有独特的记号，好比今天纸币上的水印，用来防伪。而青铜贝的出现为金属铸币做好了铺垫。很快，随着商品交易的开放，贝币已经跟不上时代了，于是青铜币应运而生，更加复杂、先进的货币制度被建立起来。人们开始铸造重量、成色统一的硬币,这种货币不用称重,无须测试成色,使用方便,硬币上还印有复杂的纹路、图案、文字等用来防伪,因此青铜币开始广泛流通。(与此同时,在全球其他地区,人们也不约而同地选择了金属货币,如古希腊人使用合金铸造货币。)随着冶炼技术的发展,铜不再是稀有金属,人们开始用更加稀缺的金、银作为铸造硬币的金属材料。此后千年时间,金银一直都是货币的"代名词"。

02

笑谈腰缠十万贯

让我们先来看一个十分有意思的故事。

古代有四个年轻书生结伴而行,遇到了一个自称仙人的神秘老头。老头说他们和他有缘,可以帮他们每人实现一个愿望。

第一个书生励志做官,于是说:"我想当扬州刺史,做出一番事业。"老头听完,对着书生摇手一指,一团白光没入书生脑中。老头说:"我已经帮你开启慧根,只要你今后用心苦读,愿望终将实现。"书生连忙拜谢。

第二个书生向往神仙的逍遥自在,很认真地说:"我想像神仙一样可以驾鹤遨游世间。"老头听完,伸手一招,一只白鹤从天而降。老头神秘地说:"这只白鹤力大无穷,且已被我用仙法收服,就赠予你了,至于仙缘,一切尽在不言中。"书生感激拜谢。

第三个书生家里比较穷，想了想说："我想腰缠万贯，有很多钱财。"老头听完，沉思了一会儿，问："你确定吗？"这个书生听此一问，非常不解老头为什么要这么问，便皱着眉头深思起来。

没想到这时第四个书生眼睛一转，就说道："我要腰缠万贯，骑鹤上扬州。"听到第四个书生这般贪婪的话，老头眉头皱了起来，严肃地盯着他问："你确定？"第四个书生拍着胸脯，扬扬得意地说："确定。"于是老头随手又招来一只白鹤说："请你骑上它去吧。"第四个书生喜滋滋地骑上白鹤。老头接着说："现在我就让你腰缠万贯。"说完，大手再次一挥，书生腰上一沉，便和白鹤一起被一堆铜钱埋没了。

第三个书生见到如此场面有些吓坏了，连忙说："我，我不是真的要腰缠万贯，而是想让自己今后钱财很多，过上富足的生活。"老头满意地点点头："还不算笨，即便我让你腰缠万贯你也是带不走的。不过我会赋予你经商的才能，让你今后日进斗金。"说完手指一指，一团金光没入这个书生脑中。㊀

时光荏苒，10年后，第一个书生寒窗苦读，一举考

㊀ 改编自《殷芸小说·吴蜀人》，原文："有客相从，各言所志：或愿为扬州刺史，或愿多资财，或愿骑鹤上升。其一人曰：'腰缠十万贯，骑鹤上扬州'，欲兼三者。"

中状元，随后多番升迁，成为扬州刺史；第二个书生驾鹤遨游，走访名山大川，寻仙问道，成了人人羡慕的"驾鹤仙人"；第三个书生，投身生意，用心经营，成了富甲一方的商人；而第四个书生，虽然得到了万贯之财却被压成了残疾，更可悲的是如此多的钱财，他无法携带、运走，招来了强盗，被洗劫一空，后来沦落为了街头乞丐。

看完这个故事，很多人可能会觉得这是要告诉我们不要贪婪，不要耍小聪明，要不然只能自取其辱，贻笑大方，或告诉我们天上掉馅饼也需要自身付出努力、实践，方可真正接住。但是我们想告诉大家：腰缠十万贯，是一笔巨大的财富不假，但那笔钱也是十分沉重的！

我们可以简单算一下：1 贯钱 =1000 枚铜钱，1 枚铜钱重 3.25 克，1 贯钱重 3.25 千克，10 万贯钱就重 325 吨。如此重量别说缠在腰上，穿在身上都不行。

而这 10 万贯钱不仅携带不方便，交易起来恐怕也有许多麻烦，更加可怕的是，还有安全隐患，随时都可能出现交易上乃至生命上的危险。外出旅游、贸易、购物，有足够的钱在身上，是普通百姓的理想，梦寐以求的事实。腰缠十万贯，当然也可尽情地享受，但这钱存放起来不方便，携带起来更是艰难。

历史上，诸如金、银、铜币等实物货币的携带、运输，一直是个难题，但是办法总比困难多，很快银票就出现了。

03

马可·波罗眼中的神奇事

大约有人感觉到了金属货币的不方便和危险，于是，一种由私人钱柜发行的银票便开始流通了。20世纪80年代，中国集结来自全世界的著名演员共同演绎了一部史诗级电影《马可·波罗》，片中有个情节令人难以忘怀，说的是老年的马可·波罗回到了故乡意大利，在向他的同伴们分享自己的中国之行时，不由自主地讲起了在中国所见到的神奇事，而神奇事之一，就是中国人居然在用银票交易。说着，他拿出一张价值100两银子的银票展示给大家看。一个颇不以为然的同伴一把抢过银票，在一片惊呼声中将银票点火烧掉了，还轻蔑地拍拍手，带几分嘲弄地说道："你的银票已化成一把火了，那100两银子在哪里呢？"

愤怒的马可·波罗无言以对，于是将自己剩下的时间，都用在创作《马可·波罗游记》上，他详细地记载了他眼中的神奇事，并加以详尽地分析。他认为中国人的想法不可思议。

纸币在中国的历史，或许可以追溯到北宋时期。宋朝农业、纺织业、造纸业、手工业等产业飞速发展，商品经济空前繁荣。但是当时的金、银、铜钱等货币不仅携带十分不便，货币量也无法满足社会需求。于是为了解决这些问题，四川民间率先出现了纸币——交子，用来代表货币进行流通。不过交子最初并不等于钱币，更似一个取钱凭证，不能直接用于商品贸易，但是因为在验证交子时只认"证"不认人，久而久之，交子便从凭证演变成了可直接流通的钱币。随后，交子得到朝廷认可，朝廷对交子市场进行了系统化整顿，后来还出现了官方发行的"官交子"。

到了 13 世纪的元朝，政府统一发行纸币——钞币，采用金银本位，纸币则首次替代了金银，在全国范围内流通。钞币不仅发挥了金子和银子的作用，可以直接用于交易，而且可以在全国自由流通，大大促进了商业贸易的发展。远道而来的马可·波罗目睹了这套货币体系的运行，为之惊叹，还用了很多笔墨描写这一制度。

在当时的西方，一张纸就相当于金银，一张纸就可以用于交易，显然是令人匪夷所思、无法理解的。其实，这一纸币体系之所以能够畅通无阻地运行，关键在于三点：

一是金银本位，持有纸币的人可以随时将它兑换成等量的银两，从而保证了纸币的价值；二是朝廷的不可违抗性，任何人不得拒绝接受纸币，违者处死；三是朝廷信用背书，为了进一步加强人们对纸币和发行机构的信心，纸币上还用文字声明它们永远有效。以今天的眼光来看，不得不感叹元朝的超前！而纸币取代金银货币，也是人类货币发展的必然趋势。

04

印花的纸

纸币本身与金属货币或实物货币不同,只不过是一张精印的花纸,除了观赏和收藏意义外,谈不上什么价值。纸币之所以能够被接受为"一般等价物",必须让人们相信它能代表相应的实物价值。建立这种信念的最简单可靠的办法,就是以贵金属或实物做担保。这种担保体系,即所谓的纸币本位制度。

西欧纸币化的成形,大体与国际贸易和资本主义的兴起同步。最初盛行过古典的或纯粹的金本位或银本位纸币,分别以黄金或白银作为货币体系的基础,货币价值有了坚实的"刚性"担保基础。

早期的纸币相当于一张可以兑换确定分量贵金属的凭证或代用券,仅仅是为了便于使用者携带而已。随着商品交易活动的迅速发展,人们需要更多的货币来完成支付和储备，这样一来，黄金或白银就供不应求，往往跟不上需要，存量在各国的分配也很不平衡，大部分金银为少数强国掌握，许多缺金少银的国家无法维系贵金属本位，贵金属本位的弊端日益彰显。后来，世界各国终于不再花费大量贵金属资源充当货币本位，纸币的发行开始与金银的储备及兑换相分离，纯粹的信用本位制盛行起来，同时各国配备适量信用型的金属货币作为辅币使用。

曾经处于国际货币体系中心地位的英国，及其后继者、今日货币霸主美国，引领整个世界实现了这场货币领域的革命性巨变。

英国是世界上最早实现工业化的国家，英镑曾是国际计价结算业务中使用最广泛的强势货币。英镑是英国的标准货币单位，它之所以叫英镑，是因为在开始的时候，英国实行银本位，每英镑相当于一磅的白银。

1821年英国改用金本位制，确定每英镑合7.32238克纯金。

1914年第一次世界大战爆发，英国因财政困难废除金本位制，停止兑换黄金。此时各国为了应付战争开支，大量发行不能兑现黄金的纸币。战时黄金短缺，各国又纷纷限制黄金自由输出，进一步破坏了金本位制度的游戏规则。金本位制随之崩溃。

在一片混乱中，第二次世界大战爆发了。第二次世界大战以后，英镑的国际储备货币地位完全被美元所取代了。

第三章 货币简史

美国在 1792 年通过《铸币法案》后,美元成为官方货币。

第二次世界大战结束前夕的 1944 年 7 月,44 个国家参加的"联合国国际货币金融会议"在美国新罕布什尔州布雷顿森林郡的度假宾馆召开,该会议通过了以美国"怀特计划"为蓝本的《布雷顿森林协议》,从而建立了一种"可兑换黄金的美元本位制"(国际性金汇兑本位制)的"布雷顿森林体系"(Bretton Woods System)。

1971 年 8 月,尼克松政府在无力实现美元按固定汇率兑换黄金的承诺后,宣布停止履行美元兑换黄金的义务。1976 年 1 月,各国在牙买加首都金斯敦召开的国际货币会议上达成了以浮动汇率合法化、黄金非货币化等为主要内容的"牙买加协定"(Jamaica Agreement),该协定于 1978 年 4 月生效。曾经辉煌一时的"布雷顿森林体系"正式废止。

"布雷顿森林体系"解体后,世界进入浮动汇率时代,人们称之为"无体系的体系"。在这一体系中,依仗着美国雄厚的经济实力,美元的霸主地位仍得以保持。美元一直毫无悬念地充当世界货币,作为主要的国际计价单位和支付与储备手段。

"布雷顿森林体系"垮台,意味着贵金属本位制终结。世界各国流通的纸币,不再能兑换贵金属,转为无本位的信用纸币。

　　从贵金属本位货币到信用纸币的发展,体现了从具有自身等价地位的商品型货币,演变为"没有"自身价值的信用型货币的大变革。

05

纸币的终结者

毋庸置疑，纸币自流通始，逐渐成了这个星球上流通时间最长久、流通地域最广泛的一种货币，当人们开始有了国家主权这一概念时，各个国家便发行了借国家主权之名的巨额纸币，并为此建立了一套较为完备的金融体系。然而在实行的过程中，纸币首先自己不争气地出现了这样或那样的问题。那么，纸币究竟出现了哪些让人们不能释怀的问题？总结起来，有以下几种。

首先，纸币真的很不卫生。

由联合国环境署、支付宝、广州妇女儿童医疗中心等15家国内外机构组成的无现金联盟，曾公布过中国内地货币的检测结果：每张纸币平均含菌量17.8万个，5角、1元、1角面额的纸币，每张附带的菌数更高达1800万个，其中大肠杆菌、金黄色葡萄球菌、绿脓杆菌、沙门氏菌是钱币上最常见的细菌。所以纸币可能是我们接触传染性病菌的重要方式。

其次,纸币的制造成本越来越高。

不管造伪钞的技术如何高,真钞的制造技术会更精细、更先进、更令制伪者望洋兴叹。所以在很多时候,政府在宣布新钞上市时,总是会说这一次新钞所用的纸张如何特别,印刷技术如何高端,防伪线如何巧妙,水印如何不可复制,总之该用的先进技术和高科技都用上了,大大地增加了纸币制造的成本。然而防不胜防,很快,就又会有假钞出现。

最后,现金为偷税和漏税提供了方便。

也许,纸币的"罪行"还有很多,那么怎样用一种新的货币取代旧的货币呢?随着数字技术的发展,人们研究出了一种在虚拟世界里取代纸币的新型货币,数字货币横空出世,它因更方便、更智能的特点为世人所称道。

我们应该清醒地意识到,货币从来都是在不断的变革中向前发展的,它总是以一种崭新的形象带来新的机会。让我们在数字货币的引领下,到达财富的彼岸吧!

CHAPTER 4 | 第四章

数字货币的前世

GENERAL KNOWLEDGE OF DIGITAL CURRENCY

01

互联网给我们送来了比特币

在人们对纸币欲罢不能，对数字货币犹豫迟疑的当口，互联网给我们送来了比特币。

从诞生那天起，比特币就是一个充满神奇色彩和颇多争议的事物。比特币也的确包罗万象，里面包含了密码学、经济学、政治学、计算机技术等学科中的前沿理论和技术。

从 2013 年年初开始，伴随着价格的疯狂增长，比特币频繁出现在各种科技和主流媒体的报道中，转眼之间成为时下热门的互联网金融领域里，那独领风骚的最神秘的一部分。由于知识结构的局限性，很多人花了很长时间进行研究，但还是没有弄明白这到底是怎么一回事。很多人还在疑惑，比特币究竟是一场颠覆现有金融体系的伟大互联网金融试验，还是一场由极客主导的庞氏骗局？

第四章　数字货币的前世

比特币的概念，最早由中本聪于 2008 年 11 月在一个隐秘密码学讨论小组中提出。当时，他贴出了一篇研究报告。随后，他又开发出最早的比特币发行、交易和账户管理系统。2009 年 1 月 3 日，中本聪挖掘出第一个区块链，最初的 50 个比特币宣告问世。那时，又有谁能够想到，在短短几年时间内，比特币会被这么多人接受和喜欢，会这么迅速地从极客圈走向社会大众，会以这么凶猛的价格增长方式来彰显自己与众不同的魅力呢？

自从互联网诞生以来，数字货币就一直是热门话题，但面临着如何解决伪造和重复支付等重大挑战。数字货币怎样才能避免人们轻易地复制粘贴，然后随心所欲地进行支付呢？这一点至关重要，但解决起来困难重重。

在比特币出现之前，比较常见的解决办法是建立一个中央结算体系，对所有交易进行实时记账，同时确保人们使用过的电子货币不能重复使用，这就需要一个有信誉的第三方机构来管理整个体系。日常生活中的银行系统都是采用这样的中央结算体系。比特币却通过公开分布式账本的方法来避免重复支付，完全摒弃了需要第三方机构管理的架构。比特币所有的历史交易都通过区块（Blocks）的方式被记录进账本，这个账本并不保存在某个中央服务器中，而是全网公开，保存在每个接入比特币网络的计算机上。

一条完整的交易指令被发出后，信息就在整个比特币网络内快速传播。网络节点开始计算该交易是否有效（即账户余额是否足够支付),并试图生成包含这笔交易信息的区块。当累计有六个区块包含该笔交易信息时,这笔交易才被认为验证通过,正式确认交易成功。

02
透过现象看本质

在网络上浏览与比特币相关的网页时，你总是可以看到各种印着"B"符号的硬币，仿佛就是比特币。实际上，那只是爱好者自己铸造的玩具，和比特币没有丝毫关系。比特币并不是任何有形的硬币，也不是大家想象的一段数据，我们同样也没有办法把某些比特币从整个系统中分离出来。比特币系统的本质是一个互相验证的公开记账系统，其工作就是记录所有账户发生的交易。每个账户的每一笔资金流动都被记录在账本里。而且，每个人手上都有一份完整的账本，每个人都可以独立统计出比特币有史以来每个账户的每一笔流动，当然，也能算出任意账户当前的余额是多少。

这里最关键的一点在于，每人手上都有完整的账本，这个系统里没有任何人拥有唯一决定权。这意味着没有人可以决定向这个系统增加货币或者改变规则，因为个体的修改会被整个网络否决。除非有人可以修改 50% 以上的账本，这就是比特币系统里所谓的 51% 攻击。

  比特币客户端 Bitcoin-Qt 启动时会进行大量的数据同步，Bitcoin-Qt 只告诉我们说这是在进行数据同步，但我们并不知道这是什么数据以及为什么要这么做。实际上，同步的是比特币世界的所有交易记录，这部分数据保障了整个体系的去中心化和每个客户端的一切知情权。而用户不需要下载交易数据的轻客户端，如 Electrum 则是去几个提供交易数据查询功能的服务器查询特定账号的记录，由于这些数据全部是公开的且带有严密的校验，任何查询服务器都没有必要也不可能伪造数据。所以，即使轻客户端带来了部分中心化效果，实际上对全局的去中心化并没有什么影响。

03

危机重重

从诞生的那一天起，比特币就面临重重危机。比特币的风险主要表现在以下三个方面。

一是它的价格不易控制，常常呈现出涨跌无度的凶险局面。

从发展阶段来看，比特币还处在中早期，距离成熟状态尚远。在有百万人群参与的情况下，其市值仅有十几亿美元，市值过小使得价格容易被庄家操控，因此暴涨暴跌的现象在短期内很难被制止。比特币的价格能在两个月内上涨 10 倍，也能在一个星期之内跌掉 80%，这对于很多短线投资比特币的人来说是最大的风险。

二是比特币本身的技术风险。

这是一把高悬在用户头上的达摩克利斯之剑，比价格不易控制更为凶险。区块链分叉时间虽然在一天之内就得到了妥善解决，但的确让很多人意识到了比特币隐藏的巨大风险。在分叉的时候，如果出现拥有巨大算力的对手，完全有可能将比特币带入万劫不复的死亡之地。

对于技术问题，普通的比特币参与者难以理解，而且无能为力。这种信息不对称同样构成风险。但反过来想，比特币客户端是开源的，所有原始数据都可以从比特币网络获得，比特币社区对各种技术问题的公开讨论可起到足够的风险警示作用。分叉事件的及时解决也显示出社区号召与算力投票的强大纠错功能，彰显了比特币的自我修复能力。与传统的中央银行系统相比，比特币网络更加透明，其技术风险并不比后者高。

也就是说，虽然从理论上讲比特币的技术风险较大，但是作为一个不断演进的系统，这种风险基本上可控，技术问题也不是比特币面临的最主要的问题。

三是山寨币的暴富诱惑。

很多拥有技术实力的开发者模仿比特币的原理，号称做一些改进或者优化，推出自己的虚拟货币。这类虚拟货币通常被称为山寨币，山寨币是否有价值也是人们一直争论的焦点。一些人认为，山寨币毫无价值。

山寨币同比特币一样，普遍信任是价值的基础，只要有人相信，就会有价值。除了已经具有一定规模因而相对安全的少数山寨币外，不安全的山寨币是很多人的噩梦。中国币（CNC）一类的山寨币因为登上了数字货币交易所 BTC-e，其价格一度很高，后来因为各种原因不被人接受，价格也随之一路暴跌，成为烫手山芋。

同时，全球 ICO 乱象丛生，浑水摸鱼的各种圈钱项目层出不穷，许多人被割了"韭菜"。于是 2017 年 9 月 4 日，七部委将 ICO 定性为非法集资，中国人民银行官网发布公告：准确认识代币发行融资活动的本质属性，代币发行融资是指融资主体通过代币的违规发售、流通，向投资者筹集比特币、以太币等所谓"虚拟货币"，本质上是一种未经批准非法公开融资的行为，涉嫌非法发售代币票券、非法发行证券以及非法集资、金融诈骗、传销等违法犯罪活动；任何组织和个人不得非法从事代币发行融资活动；加强代币融资交易平台的管理；各金融机构和非银行支付机构不得开展与代币发行融资交易相关的业务；社会公众应当高度警惕代币发行融资与交易的风险隐患；充分发挥行业组织的自律作用。

当时政策一出，便刮起了一场风暴，市场哀鸿遍野，众多通过 ICO 融资的代币纷纷暴跌，有人割肉离场，有人按兵不动，也有人乘机吸筹……这一政策恍若当头一棒，让历经野蛮生长、暴力狂欢、泡沫疯狂的市场如梦初醒，重归理性。而这一事件就是现在很多人口中的币圈"94 事件"。

04

回归理性

其实政策的制定，只是想让行业回归理性，回归价值。

自比特币引发的风潮以来，真正对人类社会有冲击意义的是区块链，它是一套可以塑造未来的技术体系，是一项不可错过的伟大技术。

而我们日益认识到区块链技术的魅力时，也逐渐发现了其内在全新的"价值媒介"——Token。

其实在区块链之前 Token 就已经存在。在网络通信中，Token 的原意是指"令牌""信令"。网络中的每一个节点轮流传递一个"令牌"，只有拿到"令牌"的节点才能通信。这个"令牌"其实就是一种权利，或者说权益证明。之后，随着区块链概念的普及，以太坊及其 ERC-20 标准的出现，任何人都可以基于以太坊发行 Token，Token 被用来做 ICO 也是普遍做法，因此它便被翻译成了"代币",甚至被等同于比特币、以太币、狗狗币等这样的虚拟币。但是"代币"的翻译还是窄了,它只是 Token 的一种特殊形态,并且容易让人误会,认为 Token 只有代币的功能。更准确的翻译应该是"通证",即"流通"和"权益证明",可以代表任何权益证明。

Token 有三大要素:权益、加密、流通。

从某种意义上来说,Q 币、游戏币、各企业发行的用户积分、商场会员卡等都是"原始通证",都是一种数字化的权益证明,但是没有密码学的应用,流通上也受到限制;而比特币等虚拟币我们可以将其看成是一种"代币升级",依赖区块链进行流通交易,在流通性、稀缺性上都是代币无法比拟的,更加接近货币本质。

也就是说,在数字货币世界里,区块链是基础设施,Token 是最直接的"价值表达"、货币数字化路径,这再次颠覆了我们对货币、财富、资产的认识。

我们也不得不承认,只要互联网存在(且不论数字货币的种种优势),就有数字货币存在和发展的空间,更何况在通证社区及全新的元宇宙世界,虚拟币、货币数字化或资产数字化,都会在平等、高效、共享、去中心化的思想基础上建立起来。这两年数字货币发展突飞猛进,数字货币进入大家的生活,央行数字货币试点发展得如火如荼,Facebook 推出基于平台的币——Libra,新浪微博发布去中心化"水滴"数字资产,比特币被越来越多的国家认可,各国积极发展区块链技术与应用……

"往者不可谏,来者犹可追",告别野蛮,回归理性,"实迷途其未远,觉今是而昨非"。不管是区块链、Token还是数字资产,一扇全新的数字货币大门已经打开……

CHAPTER 5 | 第五章

数字货币的今生

GENERAL
KNOWLEDGE OF
DIGITAL
CURRENCY

01 路在何方

1951年，美国富兰克林国民银行发行了允许持卡人在规定的信用额度内在指定商户消费的卡片，由此揭开了银行发行信用卡的序幕。不过整个20世纪五六十年代，银行卡产业处于萌芽阶段，市场规模不大。1974年，罗兰德·莫瑞诺（Roland Moreno）发明了IC卡作为电子货币的存储介质，银行卡信息系统建成，银行卡进入蓬勃发展阶段，银行卡组织诞生，如维萨（Visa）国际组织、万事达卡（MasterCard）国际组织。1982年，美国组建了电子资金传输系统，随后银行卡交易普遍采用计算机交易信息处理系统，主要发达国家银行卡产业步入稳定扩张阶段，逐步形成成熟的盈利模式和业务架构，以银行信用卡为代表的电子货币迅速流行。电子货币也日益与纸币脱离，成为纯粹数字形态的货币。

也就是说，虽然没有了纸质实体，但是电子货币本质还是法币，发行机制与传统法币没有区别，其流通也都由金融机构承担和维护。也正是基于这一本质和流通方式，有人认为电子货币存在着一定的弊端，如无法在全球流通，无法匿名使用，以及因手续费、汇率变动等带来的高交易成本等。于是他们开始尝试一种全新的货币方案（包括发行虚拟货币），如前文中我们提到的 David Chaum 创建的 DigiCash 电子支付系统，Adam Back 发明的 Hashcash 的工作量证明机制，戴伟（Wei Dai）创建的 B-money 的匿名的、分布式的电子现金系统等。可惜这些尝试要么并未实施，要么使用有限，全都失败了。

这些失败的原因大多可归结为中心化组织结构的问题。这些电子货币或虚拟货币都是由特定机构或公司发行，使用、流通以及安全问题全都依靠平台维护、监督和仲裁，且流通信息都被记录在中央服务器中。在没有过硬背书的情况下，一旦机构或公司破产，或受到质疑、抵制，或受到黑客攻击，平台必然面临内部崩溃和信用破产的风险。直到比特币的出现，区块链和加密技术的运用，这些问题才得以解决。一种受到全世界瞩目的全新货币方案产生了，它真正做到了去中心化、完全匿名、全球流通。可是又因其缺乏有效的价值支撑，加之价格波动剧烈、能源消耗量大以及政策限制等原因，比特币难以如电子货币那般应用到我们的日常生活中。

虽然比特币一类的数字货币存在着缺陷，但是其技术特征的优越性给人类带来了极大的启发，各国央行纷纷试水数字货币。

以数字人民币为例。数字货币研究所搭建了贸易金融区块链平台，并以国家的信用为其背书，为其提供价值支持和法偿性，同时支持可控匿名。为了推广数字人民币，实现其在我们日常经济活动中的支付、流通功能，央行还会借助目前已经成熟的电子货币支付平台加快数字人民币的推广。如央行将会把数字人民币先兑换给阿里巴巴、腾讯、工行、中行、建行、农行、银联，再由它们直接向大众发行。当然如果只是如此，央行数字货币平台只能成为一个变相的支付宝、微信，因此数字人民币钱包设计更要覆盖线上线下全场景应用，真正实现无障碍畅通支付。也就是说，数字货币未来的支付将会通过本身进行，以一个独立的形式完成支付功能，才能真正发挥自己的交易媒介作用。数字人民币对央行来说是一种全新的模式，其发行、使用和安全保障等各种问题都有待进一步探索和研究。另外，"数字鸿沟"的存在，支付方式的变革，也会让数字货币的使用存在一定门槛。

可以预见，从纸币到数字货币需要一个转变和适应的过程，其变革之路可能会很漫长，但随着技术的发展，数字货币已广为人知，它也和今天的数字经济特点高度契合，未来必然会成为一种发展趋势。

02

风险与机遇同在

时代更迭,技术进步,当今数字货币行业呈现出三大发展机遇:第一,比特币等数字货币正处于由"投资产品"向"数字资产"定位的历史性转变中;第二,DeFi异军突起,形成了丰富的行业生态,并将在未来对旧有的金融格局产生影响;第三,随着区块链技术的普及,Token价值的认知,虚拟世界的成形,加密衍生品市场的重要性将逐步凸显,市场竞争将由产品增量竞争转为产品质量竞争,同时数字货币更有用武之地。

但是机遇往往伴随着风险而出现,高额的利润回报,伴随的可能就是狂风暴雨。

如比特币面临的市场投资风险。

比特币被当作"数字黄金",其前提是纸币存在通货膨胀、价值缩水等问题,很多机构及投资者将比特币作为一种资产保值、增值工具。但是当市场对未来的通胀预期开始出现分歧，在经济恢复预期和高通胀预期的双重压力下，市场猜测未来全球主要央行不排除将逐步退出现有宽松政策的可能。届时，机构投资者或很可能抛售比特币，比特币市场将陷入萧条。或反之判断操作，比特币市场呈现新一轮牛市。另外，DeFi 作为新生事物仍存在许多问题，如底层公链性能瓶颈导致的清算风险，项目同质化出现的逆向选择，合约漏洞造成的资产损失等。

再如技术安全风险。

技术的发展也带来相应的信息安全隐患。曾经美国最大的银行之一，因为所谓的服务器配置错误，被黑客窃取了上亿张信用卡的数据、10 多万社保号码；美国最大的征信机构也曾遭遇过黑客攻击，1 亿多用户个人重要信息数据遭遇泄露。而国内，金融监管围绕电信网络诈骗、信息管理方面的要求不断加强，也能透露出技术方面的风险隐患。

但这些并非不可控不可解，只要加以理性认知，规范引导、改进，假以时日，数字货币一定会以我们意想不到的形式回馈我们。

03

问题一箩筐

虽然今天很多人已经接受了数字货币,但是央行等五部委在 2013 年年底发布的《关于防范比特币风险的通知》中,明确把比特币定义为一种特殊的互联网商品,民众在自担风险的前提下可以自由地买卖,否定了其货币属性。现阶段,各金融机构包括证券交易所都不提供比特币等数字货币的相关服务。

也就是说,在很大程度上,我们将买卖数字货币看作一种个人的投资行为,其有专门的数字货币交易所进行交易。然而,每次行情出现剧烈震荡时,总是这些交易所最先出现问题,如 2020 年关闭和跑路的数字交易所就多达七八家。中心化数字交易所问题一箩筐,正在成为数字货币发展过程中的瓶颈和障碍。

一是，政策问题。

这一问题和对数字货币的监管不一样，中心化数字交易所很容易受到政府和银行的监管，受政策影响非常大。如 2021 年 9 月，央行首次联合公检法等十部门联合发布《关于进一步防范和处置虚拟货币交易炒作风险的通知》，截至 2021 年年底，火币、币安、OKEx 这三大加密货币交易平台均宣布退出中国大陆市场。

而政府之所以出台这些政策，也是基于数字交易所本身存在的诚信问题和技术问题。

二是，诚信问题。

在说这个问题时，需要看中心化数字交易所本身存在的两个操作问题。

第一，资产控制权问题。在中心化数字交易所，用户将自己的资产充值到交易所钱包，这样交易所就起到资产托管的作用。好比银行，银行给我们一个账号，我们把钱存在银行，此时对资金有控制权的是银行，而不是储户。但银行有着国家政府背书，信用自然没问题，中心化数字交易所则不然，一切靠交易所"良心"。

第二，交易透明度问题。中心化数字交易所中的交易，由交易所完成记账，交易信息只记录在交易所内部账本上，并没有记录在区块链上，所以交易过程透明度低，如果平台恶意操作，篡改记录的成本很低。

正是存在这样的一些问题，用户存在中心化数字交易所的资产面临非常大的风险。由于中心化数字交易所钱包存放着大量用户资金，一方面容易招来黑客的觊觎和攻击，另一方面交易所的"良心"无时无刻不在接受考验，而现实中中心化数字交易所被黑客攻击及跑路的现象并不少见。

另外，这些交易所跑路的成本非常低，与用户存在交易所账面上动辄千万、上亿元的资产相比，所谓的交易所合规牌照和交易所开源码都可以用很低的价格购买。超强的盈利能力、极低的运营成本和跑路成本，外加法律法规还未出台相应的惩处办法，一旦出现问题，后果都是用户自行承担。这也是国家频频出台高压政策，决心厘清这样的灰色地带的原因。

三是，技术问题。

数字货币发展太快，许多数字货币交易市场并没有足够的技术准备，很多交易所都曾被黑客攻击过，宕机、延迟的现象也是屡见不鲜。这一点很好理解，不多赘述。

交易所是数字货币交易的主场，如果不能很好地解决中心化数字交易所的问题，势必让本就曲折的数字货币发展之路平添更多不确定因素。很多人把目光放在去中心化数字交易所上，因为去中心化数字交易所相对于中心化数字交易所，是在区块链上完成交易，交易信息能在区块链上公开查询，且无法篡改，同时数字资产完全掌握在用户手中，交易所无法控制和转移用户的资产。

毫无疑问，去中心化数字交易所必然会取代中心化数字交易所，加之当今 DeFi 的助力，更让我们预见了一个流畅、健康的数字货币交易体系的到来。

04
交易攻略

我们从事比特币等数字货币投资时,一般是通过某个交易所按照某一实时行情价格买进。而在数字货币的生成、存储、交易和应用生态中,交易环节所受社会影响最广泛。和证券投资一样,围绕交易,平台机构产生的风险当前最为集中,其中包括洗钱、价格巨幅波动、市场操纵、信息泄露、交易平台跑路、黑客攻击、内幕交易与欺诈等。怎样在危机四伏的交易中立于不败之地,说得通俗一点,就是怎样挣到属于自己的钱。我们认为,在交易中,应谨守以下几个原则。

一是,必须有安全习惯。

曾有这样一个案例,黑客使用假身份证将受害者手机挂失,然后换个新号,获取交易平台短信认证,将受害者在交易平台的比特币转走。不幸的是，近几年来已有多名黑客盗取了价值数百万美元的比特币。不仅比特币，NFT 大火之后，价值不菲的数字藏品也成了黑客攻击的对象，2021 年，黑客甚至直接攻占了 NFT 交易平台 Nifty Gateway 上的一些账号，然后盗窃了价值数十万美元的数字作品。

那么，黑客是如何盗取的？盗取私钥、木马植入、钓鱼软件、身份冒充……花样层出不穷。

所以，不管技术如何先进，系统如何牢固，我们的安全意识都不能有任何松懈，一定要养成以下安全习惯：确保用于交易的电脑操作系统干净、安全，并升级好所有的系统补丁；不随便下载安装软件，不访问灰色网站；不要为了方便将不同账户密码设置成相同的，要不然很容易被顺藤摸瓜。

二是，选择可靠的交易平台。

很多人喜欢在一些小交易所进行交易，因为抱着一夜暴富的心态被交易所发放的蝇头小利吸引，或轻信了对方画的"大饼"，最终往往泥潭深陷。在没有监管的环境面前，不是每个交易所都是有良心的金融从业者。因此我们一定要选择可靠的交易平台。

其一，检查备案。看是否为正规公司运营。

其二，判断可信度。交易所信誉主要取决于其在行业中的地位和口碑，我们可以从用户投诉、问题反馈、同行对比和评估等方面来判断。如果交易所经常被投诉，或遭遇网络攻击后不对用户负责，或经常被指控服务器中断等，在选择之前一定要三思。

其三，实力评估。主要评估交易所的资金实力，资金实力越强，交易安全越有保障。

其四，检查该平台的安全措施是否健全。一般交易所都提供双重登录认证，有些交易平台还会提供数字证书和密码安全控件。同时还要注意网站是否应用了 SSL 安全连接。

其五，隐私信息保护。交易所注册不可避免涉及个人隐私信息，因此你还应该知道你所要选择的交易所在保护用户隐私信息方面是否有不良记录。

三是，多账号分散风险。

这一点很好理解，就是不把鸡蛋放在同一个篮子里，以免一下子全打翻了。因此如果资金量庞大，就要尽量把资金分散在多个交易平台，采用多个账号的交易策略，从而分散交易风险。

四是，改变认知。

很多人不再仅仅把比特币当作数字货币，而是还将其当作一种数字资产，同时不会频繁买卖，而是长期持有、保存，这种"价值保存"是只有资产才具备的功能。

很多文章将比特币与黄金进行比较，其特征确实与黄金有着一定的契合度，如稀有。但是任何一个总量有限的物品都只能作为资产，而不能长久作为货币，哪怕黄金也是如此。今天我们不会用黄金来买卖东西，购买黄金很大程度上是将其当作一种可保值升值的资产。同样地，如果把黄金到信用货币的历史演变对应到数字货币领域，必然会是比特币等数字货币将交易媒介功能转移给新的、稳定的、供应量可调节的全球数字法币或央行数字货币，而其自身只保证数字资产属性以及危急时刻的硬通货功能。也就是说，货币的基本功能是交易媒介和价值尺度，而资产的基本功能是保值、增值，货币和资产的内在经济逻辑完全不同。

所以今天，对于数字货币，我们不能带着暴富这样的投机心理杀进市场，频繁买卖，而是要上升到资产的维度，从资产配备、管理角度来看待数字货币的持有和交易。

05

新时代的管家

什么是数字资产？

数字资产目前并没有严格意义上的定义，有人将一切以电子数据形式存在的有价资产称为数字资产，有人认为一切以数字形式存储的内容都可以被称为数字资产。

按照这样的定义，存在网上的货币、股票、债券都应该算是一种数字资产。但是，如果一家公司的债券以纸质和电子形式存在，电子形式的债券被彻底删除并不妨碍此债券的价值。也就是说，不管这个电子形式的债券是否存在都不会影响债券的价值，电子形态不过是一种数字备份形式，它根本不具备独立价值，又如何能称为数字资产？再如传统电子票据，它也只是纸质票据的一种数字备份形式，也称不上数字资产。那应该如何定义数字资产呢？

对数字资产的理解，首先要回归资产本身，资产是一切财产和财产权利的总称，数字资产只是资产中的一种，也就是说，数字资产本身就是财产和财产权利，由明确的主体拥有或控制。其次，数字资产不是凭空产生的，而是主体在社会经济活动中付出相应的技术、资本、创造，通过生产、购买、使用等行为获得。最后，数字资产能带来经济效益，它由企业、机构、个人所拥有，以数字形式展现和流转，具有独立的商业价值或交换价值。

在数字货币出现前，我们的数字资产大多是域名、QQ号、游戏号或游戏道具，以及Q币、微币、游戏元宝等，虽然曾出现过继承、转赠的案例，但是这一切就好比大浪之前的涟漪，并不起眼。当时的数字资产不仅总量小，很多人也没有将其上升至资产的高度，不过是把它看作生活中不可或缺的一部分。真正让大家意识到数字资产价值的是数字货币的爆发，而其背后是区块链技术带来的巨大机遇，甚至可以说区块链重新定义了数字资产。

除了带来新的数字资产形式（比特币、以太币这样的数字货币），基于Token化或智能合约的区块链技术，不仅实现了资产的数字化表达，还将资产有效转化成数字资源、数字资本、数字商品等，从而将权益、证券、商品以及各种属性深度融合。

比如，区块链带来的债券数字化表达，是将本来的纸质债券或电子形式债券表达为交易所系统中的电子记录，并用区块链去中心化、难以篡改、可溯源等特点，保证这个电子记录真实、可靠，也就是保证其价值。债券还可以被 Token 化，生成对债券的权益证明，甚至被 NFT 化，然后用于交易。

简而言之，区块链数字资产是价值和权利的数字化表示，基础本体可以是非数字化事物，如房屋、合同、股权、黄金、票据等，也可以是数字内容，如数字电影、网络小说、游戏道具、虚拟土地等。其价值不仅可以被计量和定价，也可以被拆分和组合（如将 1 个 NFT 拆分成多个或多份普通 Token）。

随着数字经济的发展及元宇宙的到来，数字资产正在占据我们资产中越来越大的比例，并且与区块链技术、数字金融有效结合，涉及交易场所、金融产品、金融服务、资产管理工具等方方面面。在这种情况下，数字资产管理就变得越来越重要。

数字资产管理（Digital Asset Management, DAM），是指对数字资产中包括数字货币和以数字货币形式为支撑的股权、债权、期权及其他财产权和资产组合，进行委托管理、运用和处分，以达到保存、创造财富等目的的综合金融服务。数字资产管理的市场表现形式将会主要体现为基金业、委托理财业务与信托业。

在数字货币发展早期,数字资产管理仅限于一些简单的数字资产和数字货币的炒作,且从存储、交易、投资等各个环节来看,都充斥着中介机构的身影,存在信息不透明、费用高昂的问题,不能带来安全稳定的收益。但是随着数字货币越来越被认可和重视,数字资产品类逐渐丰富,数字资产管理的市场日益壮大,越来越多的投资者开始进入这个市场,数字资产管理行业开始成形,并成为金融体系的组成部分。

如 KOOBANK,它是一家基于区块链技术的数字资产投资银行,业务明确为数字资产投资、交易、管理、投资咨询四个方向,在数字资产管理链 AOK、数字资产投资基金、区块链研究院等数字资产管理相关领域都有布局。其发展宗旨便是帮助全球数字货币投资者实现长期稳定的投资回报。

数字资产管理和传统资产管理都包含了资产配置、投资业务、投资顾问、产品设计和创新、渠道布局、客户开发和维护、品牌增值等业务和发展内容。不过数字资产管理和传统资产管理相比,又体现出了明显的"跨界"特

Odaily 星球日报. 星球首发 | 想要成为数字资产管理的 Blackstone,「克班克中国」获 3700 万人民币投资 [EB/OL]. (2018-07-20)[2022-04-23]. https://36kr.com/p/1722683539457.

性。如跨技术，不仅需要丰富的金融产品管理经验及投资理财操作经验，同时还需要全面了解与数字资产有关的数字金融技术，并能够灵活使用与各种数字资产有关的技术工具。再如跨界，数字资产管理市场正在汲取数字资产的红利而不断壮大，这对很多科技公司来说就是一次跨界享受红利、谋求进一步发展的机会，因此很多数字资产管理公司就是科技公司。

其实不管怎么样，真正地满足投资客户的需求，帮助他们更好地管理自己的数字资产，才是数字资产管理行业真正的长久发展之道。而对于我们自己来说，先要从数字资产价值入手，对价值环节进行一番梳理，然后借助数字资产管理业务模式，甚至直接假手可靠的数字管理公司进行数字资产投资管理。

CHAPTER 6 | 第六章

借你一双慧眼

GENERAL
KNOWLEDGE OF
DIGITAL
CURRENCY

01

虚实结合,文武之道

《雾里看花》是20世纪90年代一首著名的流行歌曲。那时的世界纷纷扰扰,需要借来一双可辨别真伪的慧眼,将一切看得真真切切、明明白白。今天的互联网世界,看似风平浪静,实则暗流汹涌。以数字货币来说,从诞生之日起到今天,各种版本的数字货币就有成千上万种。

从目前来看,比特币或许是最成功的数字货币,金融圈的人士对于比特币的辉煌也必定不会陌生。比特币最初由中本聪在2009年提出,未由特定的货币机构单独发行,而是通过复杂烦冗的计算得来的。虽然比特币至今仍处于试验性阶段,但在全球已经开始流通。

然而,真正能像比特币一样,在十几年内实现千万倍价格增长的,又有几个呢?在比特币风靡全球之时,也意味着绝大部分的人都已经错失了从中获利的机会。

我们又该怎样练就火眼金睛，识别数字货币的价值，先下手为强呢？

一位数字货币投资专家透露：要复制比特币的成功，这种数字货币首先要拥有三大要素。

要素一：高度虚拟化

若有一种货币能实现高度虚拟化，如操作虚拟化、收益虚拟化，则可以在时间成本上甩开其他金融投资工具一大截。

要素二：未来支付手段

数字货币之所以大火，一部分原因就是它顺应互联网时代的潮流，代表着未来支付手段的变迁方向。即比特币之所以能脱颖而出，是因为它完美地和互联网融合，成功对接线上线下。

要素三：对接方多

虚拟货币若要发展成为覆盖面广的货币，必须和多方对接，才能实现货币的流通职能和支付职能高度结合。

㊀ 比特币资讯网. 6000 余种虚拟货币把复制比特币作为最终目的 [EB/OL](2016-01-09)[2021-09-19]. https://www.bitcoin86.com/news/9243.html?from=timeline.

这三要素的背后是什么？是虚拟化。好比证券投资，不需要实物，只需要操作鼠标键盘就可以实现财富增值。数字货币若要成为未来支付手段并对接多方，则要进入实体支付范畴，实现支付的普遍性。可是以目前的数字货币发展状况来看，这一点很难实现，即使是比特币也是如此。

比特币一开始只是在很小的圈子里流传，"矿工"是当时的主要用户，他们就像集邮爱好者一样收集比特币。2010年之后，比特币开始和现实世界发生交易，随着交易所的出现，价格上涨。这时它吸引了一些极客，他们也是出于兴趣而收藏，同时它也引起了很多罪犯的注意，成为他们的洗钱、非法交易和逃税的最佳支付工具。仅仅又过了2年，比特币从10美元涨到100美元，又过了4年从100美元涨到了1000美元，然后到几万美元。伴随价格上涨而来的还有急速回跌，这样巨幅的价格波动，吸引了很多敢于冒险的投机客，比特币在他们眼中是快速发家致富的投机品。时间来到2017年，比特币走出一波眼花缭乱的行情，加之人们对数字经济的认知不断深入，大众才第一次把它当成了一种投资资产。同时在整个数字货币交易所，比特币担起了价值尺度和支付方式的大任。

从矿工爱好、极客玩具，到犯罪工具；从投机暴富，到资产投资，比特币一路跌宕起伏。即便如此，它也没能如法币那般实现普遍性的支付功能，可它又确确实实可以流通。这些特征，让各界对以比特币为代表的数字货币一直存在分类和属性方面的争议。

　　根据对待数字货币不同的态度，经济学家一度被分成了两类：一类态度悲观，认为数字货币不过是投机泡沫根本不值一提；一类则谨慎接受，开始对数字货币展开前沿的探索和研究。随着数字货币的发展壮大，越来越多经济学家加入第二阵营，在分类、市场、交易所、价格、风险及监管等方面对数字货币加以研究探讨。有的认为像比特币这样的数字货币虽被称为货币，但是它无法提供有价值的服务，目前人们投资比特币就像"收集邮票"一样。有的认为数字货币是商品，但是它具有稀缺性，又可以流通、交换，总之众说纷纭。数字货币也相当神奇，什么都像，又什么都不像。

　　其实可以跳出常规思维来看待数字货币——在我们进入数字化世界后，传统金融的分类已经无法满足对新事物的定义。今天我们的生活正以前人难以想象的程度，越来越在线化、虚拟化，新的生存、生活方式必然产生对数字货币、数字资产、数字黄金、数字收藏品等的市场需求。我们可以把数字货币看成是数字世界的新资产类型，集商品、货币、证券属性于一身，未来随着元宇宙的来临，它也极有可能打通虚拟世界和现实世界的资产、财富壁垒，我们应该对其保持开放的态度。

02

掀开数字货币的盖头

数字货币并不是可望而不可即的,也不是每走一步就是陷阱。我们还是应该平心静气地掀开它的盖头,好好考察一番它所具备的特征。

在实际生活中,除了法定货币以外,还有各种非实物形式的货币,QQ币、网络游戏币、电子钱包等。网络货币、电子货币、虚拟货币或数字货币,这几个概念经常被混为一谈,也的确在某些方面,它们之间存在着交集。

严格来说,数字货币是一种基于节点网络和数字加密算法的虚拟货币。虽然也算是虚拟货币的一种,但是和网络企业发行的虚拟货币有着本质的区别。数字货币的核心特征主要体现在五个方面:数字货币没有发行主体、数字货币的总量固定、数字货币使用范围不限、数字货币的交易过程安全性较高、数字货币的交易费用低。

通过对央行发布的消息内容进行研读，我们可以认为央行所指的数字货币，是一种和法定货币相对应的广义虚拟货币，是在电子货币的基础上利用数字货币的算法进行加密的一种新的电子货币，一种既能够由央行掌握控制权，又能够具备数字货币流通成本低、交易费用低等优势的新型电子货币。

那么，数字货币背后的技术框架是什么？数字货币与区块链技术有何关联？我们知道，区块链技术源于比特币的创造过程，比特币是区块链的一个应用场景。目前，基本上所有去中心化的数字货币（比特币、比奥币、莱特币等）都会利用区块链技术。区块链技术是数字货币的建立基础，它的本质是通过随机散列对全部交易加上时间戳，将它们并入一个不断延伸的链条，在保证大多数节点诚实的情况下，这个最长的链条就是不可修改的。中本聪也曾指出，区块链的概念，是一串使用密码学方法相关联产生的数据块，每一个数据块中包含了一次比特币网络交易的信息，用于验证其信息的有效性（防伪）和生成下一个区块。

以比特币为例，具体的交易通过比特币钱包进行。比特币钱包是随机生成的一对非对称加密密钥之中的公钥，而其对应的私钥即钱包的私人密码。公钥相当于账号，私钥相当于密码。如果知道某人的钱包"公钥"，就可使用自己私钥结合对方公钥向其支付比特币。（比特币公钥是一个 34~35 位长度的字符串，由一对公私钥唯一确定。）该系统中，私钥最重要，一旦丢失就彻底失去这个钱包上的所有比特币。因此，比特币的交易基于一种密码学协议，每次交易消费者都有全新独有的身份 ID（编码），用毕即失效。虽然每笔比特币的交易流水都显示在区块链上，所有用户都可以看到，但是用户真实信息并未泄露。即便通过数据挖掘，可追踪每个账户的交易记录，甚至 IP 地址，但要精确获得每个交易者的身份信息，依然需要现实账户（比如信用卡）的关联信息。因此，对普通交易者来说，系统本身没有泄密风险，而如果所使用的比特币是自挖自销，则保密程度更好。（关于这一内容，我们会在第八章"两把钥匙"这一节中详细介绍。）

众所周知，数字货币具有去中心化、交易便利、成本低廉、隐秘性高等优点，而且数字货币和黄金一样，供给的总量是限定的。除此以外，数字货币也有许多问题还需要解决。

首先，数字货币很容易被用于洗钱、非法融资，甚至毒品贩卖。美国当局就曾在 2013 年关闭一家名为"丝绸之路"的网站，该网站即为不法分子搭建的比特币交易平台，从事海洛因和其他毒品的贩卖。在 2 年的时间内，该平台达成价值 12 亿美元的比特币交易。从这个角度分析，如果设计出现漏洞或监管不力，数字货币有可能会威胁到整个经济和金融体系的发展。

其次,从比特币的发展过程来看,其价格波动剧烈,受政策影响十分明显。它的价格完全来自网民的信心。2013 年 4 月 1 日比特币价格为 102.90 USD/BTC,到 4 月 10 日比特币价格上涨为 266 USD/BTC,但是 4 月 11 日,比特币价格下跌 55%,为 120 USD/BTC,到 4 月 16 日,比特币价格又回落到 71.76 USD/BTC。

相对数字货币而言,我们更看好区块链技术的应用前景。区块链技术是应用程序的基础,它超越了货币本身,这些技术能够促进智能交易、分布式股权发布和资产转移。目前,区块链技术正在对我们的货币交易、资产和数据进行变革,已有公司将这一技术运用到风控和量化交易中。

CHAPTER 7 | 第七章

神奇的区块链

GENERAL KNOWLEDGE OF DIGITAL CURRENCY

01

什么是区块链

当区块链第一次出现在人们面前时,人们对它的感觉是陌生的,经过一番了解,又感到它高深莫测,让人心生敬畏。究竟是什么赋予了区块链如此神奇的力量,让它可以掌控数字货币的命脉?

发明创造大多是由人们的奇思妙想或由自己的利益所驱动的。例如空调的发明就是为了降低室内的温度。区块链的产生也有着异曲同工之妙。

我们应该都还记得,比特币出现后,全球随之出现了一阵挖矿热。这些所谓的挖矿者,其实就是比特币的参与者。他们会经过一番复杂的运算来获得一枚比特币,由于运算过程的艰难,这个过程被称为"挖矿"。那些与此沾边的人便略带调侃地给自己取名为"矿工"。对矿工来说,区块链就是记录他们挖矿、交易信息的大账簿,且无法被篡改。同时区块链是比特币的底层技术，本质就是去中心化的数据库，任何人可以通过相同的技术标准（如挖矿）加入自己的信息，延伸区块链。简单来说，区块链是一个人人都能参与的数字大账本。那么问题也来了，谁来记这个账？

以往的经验告诉我们，系统是谁的谁就来记账，比如支付宝的账本就是阿里巴巴来记，QQ、微信的账本就是腾讯记。但在区块链系统中，并没有诸如阿里巴巴、腾讯这样的中心化组织。如果在一定时间出现了数据变化，每个人都可以对此进行记账，系统会评判这一时间中记账最快最好的人，将其内容写到账本上，并将账本内容发给系统中所有人进行备份，这样任何一个节点的人都有了一个完整的账本，这就是区块链的分布式储存技术。

为了保证区块信息被记录，区块链技术使用了现代密码学的哈希算法，制定了每一个参与者的行为标准，具体如下：

基于区块链，每个区块上都包含上一个区块的哈希值；

每个区块都包含多笔交易；

每个区块也都会有一项记录交易的功能；

区块链是不可改变的，新的区块可以增加，但已有的区块不可以被篡改，只允许有效交易；

区块链具备开放性，任何人在任何地点都可以轻易使用区块链核实某项交易。

这些技术特点，让区块链在不依赖可信机构的情况下，就能够达成可靠共识和交易。

以上我们也可以看出比特币不等于区块链，比特币只是运用了区块链技术的一个经典案例。

那么区块链又是如何保证信息记录真实可靠，且无法被篡改的？

2014年，区块链迭代，变成可编程区块链，不仅可以记账，还可以让用户写出更智能的合约，可以用来溯源、保护隐私、保护知识产权。

如今，区块链已经走进大众视野，很多国家和众多企业都十分重视区块链技术的发展和运用，区块链的去中心化、开放性、独立性、安全性、匿名性等特性正在赋能各个领域的发展。而基于区块链的技术特点，金融服务成为探索和实践区块链的过程中落地项目最多、场景最为丰富的行业之一。

02

连通传统与现实的桥梁

当代金融发展最大的变量是什么？是互联网及互联网技术迭代对金融体系的影响。

互联网企业利用互联网技术和信息通信技术与传统金融机构对接，催生了支付、投资、借贷等新金融业务模式——互联网金融。互联网让金融服务更加便利也更加普惠。

关于传统金融和互联网金融，很多人会有这样的"感觉"：传统金融是服务实体经济的，互联网金融是服务虚拟经济的。其实不尽然。

如支付宝，买家和卖家都是在同一平台。支付宝初期服务目标是规范电商支付环节，保证支付的安全和可信。随着主体业务的发展，支付宝又顺利开展了金融服务，并在互联网金融领域打下了一片江山。支付宝也许并非要做传统银行，而是成为一个数字资产管理平台，抑或是自金融服务平台。和其他互联网企业相比，支付宝的用户很多就是淘宝平台上的供应商。作为金融工具，支付宝天然与实体企业之间有着较强的耦合性。

所以，问题不在于是互联网金融还是传统金融，是实体经济还是虚拟经济，而是在于互联网技术给金融行业带来的冲击，从而引发的形式、体系、业务等的革新，让金融和实体经济有了更多的连接渠道和合作可能。就如区块链和供应链金融。

2022年4月25日，IEEE[⊖]发布了《基于区块链的供应链金融标准》（以下简称"标准"），它定义了基于区块链的供应链金融通用框架、角色模型、典型业务流程、技术要求、安全要求等。

这个标准发布带来的影响是什么呢？

我国供应链金融发展迅速，从小贷、典当行、担保公司升级到融资租赁、金融租赁和商业保理，市场表现欣欣向荣。而植入了区块链技术后的供应链金融，不仅可以大大降低成本，降低欺诈风险，提高审核效率，加快资金在整个供应链的贯穿流通，还可以打破供应链信息孤岛。标准的出现，不仅可帮助各机构提升企业自身的供应链金融系统标准化水平，还能促进彼此之间的交流协作。

⊖ IEEE，电气和电子工程师协会，全球最大的非营利性专业技术学会，曾在计算机、太空、电力等领域制定了1300多个标准。

就像中国电子技术标准化研究院区块链研究室主任李鸣表示的那样:"IEEE《基于区块链的供应链金融标准》的发布,不仅表现了区块链助力供应链金融产业,为产业链上下游企业建立了互信的合作关系,而且进一步地将我国在区块链赋能实体产业的经验通过标准的渠道推向国际。"

其实区块链技术在金融领域的发展路径已经日益清晰,供应链金融、资产证券化、数字票据、支付清算、数字货币、银行征信、贷款业务、资产转让及股权交易……这些都可以被传统金融吸收、运用,也都可以服务于实体经济。

03

携手传统

区块链1.0，基本代表了各种加密的数字货币。在不同的应用上、技术上都有一定的创新。其中，比特币占约90%的市场份额，真正能颠覆其地位的创新加密数字货币尚未出现，市场参与者大体只是在比特币的基础上进行改良。

区块链2.0，其中的创新空间非常大。它将信用扩大到金融以外的领域。除货币交易外，人类的诸多互动均涉及信用，如协议、小额借贷等。传统的信用普遍建立在中心化的基础之上，如协议，除直接涉及的利益相关方，还涉及司法机构，如果法律不认同，则协议被认定为无效。当然，传统社会还可以基于熟人关系建立信用，如一些民间金融活动是以家庭、宗族和朋友关系为基础进行的，但这种做法局限性很大。再如小额的跨国协议，违约的追偿成本往往高于协议标的金额，这也就造成了建立跨境信用的成本太高，因此阻碍了全球经济市场信用的建立。现在有了区块链，有了全球记账的方式，自然也可以通过全网执行某个协议来保证信用。如果说互联网时代，我们的自由和权利在某种程度上可以依靠代码来保护，那么区块链再推进一步，通过协议，保障我们的权益可以依靠代码来自动执行。以太坊（Ethereum）是图灵完备（Turing complete）的，也就是可以在上面进行任何编程。这意味着参与者可将任何协议编写到合约中，并让其自动执行。在此意义上，区块链某种程度上可发挥法院执行庭的作用，而成本则低得多，使用者支付一笔可能仅相当于比特币万分之一的手续费，就可以建立自己的信用。

　　IBM 将区块链同物联网结合在一起，此种尝试的前景在于，可以让智能协议和实体经济结合在一起。比如，当你自驾去国外游历，途中现金耗尽，信用卡在当地无法使用。在过去，你肯定不能指望向完全陌生的当地人借贷。但如果你的车是登记在区块链物联网上的，而且对方也是登记在区块链上的，那么双方就可以签订协议：如果一个月后你完成还款，那么协议终止；如果违约，那么你在物联网上登记的车辆所有权将自动转到对方名下，对方可以委托在中国的某个人拿着私钥去开你的车，完全不需要法院。可以想象，在这样的低成本之下，未来个人的资产将可在全球内流转。

04

区块链这样玩转金融业

信任是金融业的基础。为维护信任,金融业的发展催生了大量的高成本、低效率、单点故障的中介机构,包括托管机构、第三方支付平台、公证人、银行、交易所等。区块链技术使用全新的加密认证技术和去中心化共识机制去维护一个完整的、分布式的、不可篡改的账本,让参与者在无须相互认识和建立信任关系的前提下,通过一个统一的账本系统确保资金和信息安全,这对金融机构来说具有重大的意义,所以全球金融巨头纷纷探索区块链应用,这一方面是为了防范被颠覆的风险,另一方面也是让技术"为我所用",提高效率、降低成本,从而巩固、优化并扩大既有势力。具体而言,区块链有以下六点优势。

第一,区块链能够降低信任风险。区块链技术具有开源、透明的特性,系统的参与者能够知晓系统的运行规则，验证账本内容和账本构造历史的真实性和完整性，确保交易历史是可靠的、没有被篡改的，相当于提高了系统的可追责性，降低了系统的信任风险。例如，区块链可以规避互联网金融 P2P 平台跑路、欺诈等事件的发生。

第二，区块链能够提高支付、交易、结算效率。在区块链上，交易被确认的过程就是清算、交收和审计的过程。区块链使用分布式核算，所有交易都实时显示在类似于全球共享的电子表格平台上，实时清算，效率大大提升。例如，从 2017 年 9 月 5 日起，美股实行 T+2 交割制度，区块链却能将效率提升到分钟级别，从而有效降低资金成本和系统性风险。

第三，区块链能够降低经营成本。金融机构各个业务系统与后台工作，往往面临长流程、多环节问题。现今无论维萨国际组织、万事达卡国际组织还是支付宝，都是中心化运营机构，货币转移要通过第三方机构，这使得跨境交易、货币汇率、内部核算的时间成本过高，并给资本带来了风险。区块链能够简化冗长的金融服务流程，减少前台和后台的交互，节省大量的人力和物力，这对优化金融机构业务流程、提高金融机构的竞争力具有重要意义。

第四，区块链能够有效预防故障与攻击。传统金融模型以交易所或银行等金融机构为中心，一旦中心出现故障或被攻击，就可能导致整体网络瘫痪、交易暂停。区块链在点对点网络上有许多分布式节点和计算机服务器来支撑，任何一部分出现问题都不会影响整体运作，而且每个节点都保存了区块链数据副本。所以区块链内置业务具有连续性，有着极高的可靠性、容错性。

第五，区块链能够提升自动化水平。由于所有文件或资产都能够以代码或分类账的形式体现，通过对区块链上的数据处理程序进行设置，智能合约及自动交易就可能在区块链上实现。例如，智能合约可以把一组金融合同条款写入协议，保证合约的自动执行和违约偿付。

第六，区块链能够满足监管和审计要求。区块链上储存的记录具有透明性、可追踪性、不可改变性的特征。任何记录，一旦被写入区块链，都是永久保存且无法篡改的。任何交易双方之间的交易都可以被追踪和查询。总之，区块链将让一切行为无所遁形。

CHAPTER 8 | 第八章

聚宝盆与移动的钱包

GENERAL
KNOWLEDGE OF
DIGITAL
CURRENCY

01

掌握住金钥匙

自从数字货币诞生以来,很多人都对其表达了自己的看法,且很多观点完全相反。

如美国知名投资人马克·库班长期以来对比特币持怀疑态度,在 2019 年就表示"(它)没有机会成为一种可靠的货币"。在 2020 年接受《福布斯》采访时,他进一步强调了这一立场:"这是一种价值储存手段。这是一种信仰,而不是解决任何问题的方法。"而首批比特币亿万富翁双胞胎兄弟却将比特币看成是"世纪交易",不管市场如何暴涨暴跌,对比特币的价值始终保持十分乐观的态度。

一千个人眼中就有一千个哈姆雷特,关于数字货币的不同声音我们早已屡见不鲜。我们也无法强制每一个人都看法一致。但是我们应该看到数字货币已经被许多国家所接受，随着时间的推移，越来越多的人开始拥抱数字货币、使用数字货币。而且随着区块链3.0的到来，"公链飞入寻常百姓家"，如今的区块链也正应用于商用场景。

比如，2020年比较火的一款公链NGK.IO，号称是区块链3.0经典之作，不仅开源发布底层技术，支持跨链，而且支撑百万级应用场景。而在其2021年年初的全球路演中，NGK演讲师就透露，为了增强NGK用户使用体验，NGK官方将会不断增加生态应用。为了使"区块链+"成为现实，也会打造"区块链+新能源""区块链+生物科技""区块链+体育""区块链+金融""区块链+红酒""区块链+娱乐""区块链+数字经济""区块链+房产"八大板块的商城应用落地。㊀

当我们处于区块链构建的全新商业生态系统中，或处于元宇宙经济系统中，我们的行为场景将会是这样的：创造即挖矿、消费即投资、用户即股东、贡献即分红。区块链技术正在重新定义和塑造人类商业，并真正实现与实体商业的深度融合，也将数字货币融入我们的各种行为场景中。也就是说，将来我们会越来越依赖数字货币进行生产、投资、消费。

㊀ 金色财经.数字货币 一把开启美好未来的金钥匙[EB/OL]. (2021-01-04)[2022-03-27]. https://www.jinse.com/news/blockchain/966628.html.

数字货币通识
无现金时代的必修课

　　中国积极发展区块链技术，中国人民银行还深入研究了数字货币相关技术和运行框架，比如移动支付、可信可控云计算、密码算法、安全芯片等。所以在发展区块链项目上，中国不仅具有政策导向优势，而且发展范围涵盖了数字货币、数字金融、数字技术、数字制造、数字资产交易等多个领域，同时这些领域也在为数字货币的运用提供着更为丰富广阔的场景。

　　相信随着区块链商业的不断落地，数字货币使用场景的不断丰富，更多的致富机会将不断涌现。在时代的背景下，数字货币将可能成为我们普通人开启美好未来的金钥匙，让我们在有生之年实现财富自由和精神自由，前提是我们能够抓住！

02

身携数字走天涯

当货币和财富发生变革时,我们的钱包也在发生着变革。

在实物货币阶段,人们背着沉甸甸的黄金白银,钱包就是包袱;在信用货币阶段,则是"腰缠万贯",真正意义上的钱包出现,专门存放现金——而这都是有形的。但是随着支付方式的变革,互联网的快速发展,无形钱包——银行卡、电子钱包开始出现,我们实现了无须携带现金即可游走于世界。数字货币的诞生,又为我们带来一种全新的钱包形式,为了加以区别,我们在这里就称其为数字货币钱包。

那么,这个数字货币钱包和我们所熟知的银行卡、电子钱包有什么不同呢?

银行卡、电子钱包,如微信的零钱、支付宝的余额,里面"存放"着我们可使用的法币，有着支付的功能。但是数字货币钱包不再是简单地"存放"法币、帮助支付，而是帮助存储、管理、交易数字货币的工具。

比如比特币钱包，它让你可以随身携带比特币。你可以通过钱包轻松兑换比特币，还可以在实体商店通过扫描二维码或使用 NFC 技术（近距离无线通信技术）提供的"接触支付"功能轻松实现付款。Bitcoin Wallet 是为安卓和黑莓操作系统打造的一款轻量级移动客户端，它无须关联任何在线服务，就可以兼容二维码和 NFC 技术。

数字货币钱包的使用与银行卡和电子钱包有些区别。每一个数字货币钱包的生成，都会产生钱包收款地址、私钥，它们的关系好比银行卡的卡号和密码。利用钱包生成数字货币收款地址，你就可以接收来自他人发给你的数字货币，同样你也可以将你账户上的数字货币转给他人。数字钱包还有助记词，它与私钥是平行关系，简单理解就是个人私钥的一个备份，当你忘记私钥时，可根据助记词在其他手机或电脑上恢复你的钱包数据。所以使用数字货币钱包一定要把地址、私钥、助记词记好。

数字货币钱包目前可以分为两大类：冷钱包和热钱包。

热钱包，简单理解就是联网的钱包，也被称为在线钱包。因为一直处于联网状态，热钱包可以让我们在任何地方使用数字货币，操作起来十分便捷。但也正是因为一直与互联网连接,它的安全性没有冷钱包高,最容易出现黑客攻击和钱包公司跑路等安全问题。

比如 Blockchain.info,即便它是全球知名的在线钱包服务商,也在 2013 年遭受到了黑客攻击,造成了一定损失。好在 Blockchain 钱包信誉不错,不仅很快修补了程序,还对用户损失做出了补偿。至于公司跑路,最典型的例子便是 Plus Token 了。它是 2018 年成立的钱包项目,从投资者那里吸收了近 32 万个比特币、近 920 万个以太币,但在 2020 年公司负责人跑路了,虽然 6 名嫌疑人后来被逮捕,但造成了很坏的影响,被人们称为"币圈第一大案"。

目前很多在线钱包都是中心化的,大多依赖中心化服务,所以大家在选择数字货币钱包时,一定要特别小心,最好选择那些口碑好、知名度高的钱包,它们已在区块链行业发展了多年,不管是技术还是信誉上都经受了考验。

冷钱包与热钱包相对,又称离线钱包,顾名思义就是在没有联网环境下使用的钱包,比如硬件钱包。硬件钱包可达成安全性和易用性之间的平衡,它们从底层就被设计为只能用作钱包,其他什么也干不了的一个非常小的设备。硬件钱包不能安装任何软件,可以免受计算机安全漏洞和线上黑客的威胁,因而它们更安全。硬件钱包可以备份,即使你的设备丢失,资金仍然可以找回来。

Trezor 就是一个硬件钱包,可以通过 USB 连接电脑并签署比特币交易,不需要允许计算机访问私人信息。钱包通过一个 ARM(处理器名称)微控制器、128KB 的 RAM(随机存储器)和一个硬件随机数发生器来签署交易,用户可通过 0.96 英寸的 OLED(有机发光二极管)单色显示屏来与设备进行交互,它有两个按键,用于取消或同意交易。

  数字货币钱包是区块链数字资产最重要的入口,也是未来世界的"银行卡",认识和保护它就是在守卫我们自己的财产。

03

"两把钥匙"

虽然我们已经知道了什么是数字货币钱包。但是很多人觉得这和银行卡似乎没有多大的区别，不就是账号（地址）＋密码（私钥）＋找回（助记词），似乎也并不高明到哪里去。

确实很多原理是相通的，但是数字货币钱包凭借密码学原理和区块链技术，有着更为人性化的设计。

首先，密钥加密及其数字签名，更加高效、安全。

区块链有私钥和公钥两把密钥，它们成对出现。

私钥加密算法使用单个私钥来加密和解密数据，即信息的发送方和接收方使用同一个密钥去加密和解密数据。它的最大优势是加密和解密速度快，适合对大数据量进行加密。

由于私钥密钥加密中双方都使用相同的密钥，因此无法实现数据签名和不可否认性等，使得密钥管理困难。

为了解决这个问题，20世纪70年代，一些学者提出了公开密钥加密体系，使用不同的密钥来分别完成加密和解密操作，即公开的密钥叫公钥，只有自己知道的叫私钥，公钥是由其主人加以公开的，而私钥必须保密存放。它们的关系是这样的：每把密钥执行一种对数据的单向处理；两把密钥功能相反，当一把用于加密时，则另一把就用于解密。

举个例子，假设A想给B发送一条私密的信息，那么A可以使用B的公钥实现信息加密，而只有B的私钥可以解读。因此，信息是完全私密的。相反，如果A用自己的私钥加密了信息，那任何人都可以用他的公钥来解读，这个过程恰恰证明了这个信息的确是A发送的，就形成了一种电子签名，同时使得签名具有了认证的功效，由于私钥是独立保密的，则没有任何人可以伪造A的信息，也没有人可以反悔。比特币协议使用私钥交易，这确保了只有地址的真正主人能够使用资金。

在这个过程中，我们可以看到密码学里的数字签名特性：①可验证性，如果加密信息能够用A的公钥进行解密，那就可以100%肯定就是A发布了该条信息；②不可伪造性，如果其他人如C拦截这条信息，并用自己的私钥发送了一条自己的信息，那么A的公钥将无法对其解密，因为A的公钥只能解密A用自己私钥加密过的信息；③不可抵赖性，如果A宣称没有发送信息，是C发的，但是 B 却可以通过 A 的公钥解密信息，那就证明 A 在撒谎，A 就无法收回他之前发的信息，无法抵赖。可以说，公开密钥加密最显著的成就是实现了数字签名可以永久地与被签署信息结合，无法自信息中移除。

其次，密钥加密满足多账户需求，保护隐私。

在说这个问题时，我们先举一个现实的例子。

通常我们在银行有很多账户，比如对公业务的账户、存大额资产的账户、平时零花的账户。这些账户只要一张身份证就能够办理，万一银行卡不慎丢失，也可以通过身份证进行补办。

在数字货币世界也是一样的。由于区块链公链有公开的特性，链上所有的转账记录任何人都可以查看，为了隐私和业务的方便，我们也会需要多个账户满足不同的场景需求。但是如果每次创建账户都在公链上生成一个私钥，那就会像每次办理银行卡都要记忆一长串卡号一样反人性（区块链的私钥一般是由 64 个字符组成，可不比银行卡号短）。

为了解决上述的这些问题，聪明的开发人员开发出了 BIP39 协议，使用助记词生成确定性钱包。

BIP39 协议最初由比特币社区的开发者提出，后来被其他的主流区块链项目所认可，继而成为整个行业的共识和规范。它的核心是由 12~24 个单词生成助记词。助记词生成的过程是这样的：先生成一个 128 位的随机数，再加上对随机数做的校验4位，得到132位的一个数，然后按每11位做切分，这样就有了12个二进制数，然后用每个数去查BIP39协议定义的单词表，这样就得到12个助记词，通过密码学的保证，生成的单词顺序和内容是不可能会重复的。

拿到这12个或24个单词，就可以创建无数多的私钥、公钥和地址，它们之间的关系可以写成如下形式：

私钥 = 算法1（助记词）

公钥 = 算法2（私钥）

公钥哈希 = 算法3（公钥）

地址 = 算法4（公钥哈希）

所以，以算法1为基础，我们可以叠加算法2、算法3、算法4生成地址。

也就是说，助记词所构造的系统会自动推演生成用于交易的地址，而我们仅需记住助记词就可以保证拥有对所有地址的操作权，助记词就好比区块链系统的身份证，其所带来的便捷性相当于一张身份证可以挂载很多张银行卡，且每一次有新的交易需求，总账户就可以生成一个新地址，用时仅需1秒。我们也不需要再记忆众多的地址信息，只需要记住自己的助记词，就可以保证所有交易信息都可查。这些助记词还可以被写在纸上，当然最好只有你自己知道。

硬件钱包Trezor使用一系列12个随机字符生成的

私钥，允许用户在钱包丢失或被盗后，用这 12 个随机字符重新生成钱包。钱包使用的是开源软件，用户可以轻松审核代码，以确保程序绝对安全可靠。

在数字货币的世界，每一个人的身份都是神秘的，依靠私钥、公钥"两把钥匙"纵横驰骋，唯一可以证明你身份的就是助记词，也只有你才知道自己真正的身份，一旦助记词泄露，你的财产将不再安全，你的真正身份将被其他人所掌握。

04

谁也动不了我的钱包

最安全的密码似乎只存在于每个人脑海里。在许多谍战片中,拿不到宝库密码的人总会无奈地说上这样一句话:"让这个秘密永远留在你的脑海中吧。"所以,我们现在说的脑钱包和纸钱包,只是生成、存储密钥的方式而已。脑钱包是迷你私钥的产物,是记在脑袋里的密钥,纸钱包是打印到纸上的密钥,仅此而已。

脑钱包看上去似乎很酷,但其安全性是客观存在的问题。很多人为了减少记忆,在使用脑钱包时通常更倾向于使用有实际意义的易记的信息,比如生日、纪念日、简单短语等,而这正为黑客破解钱包提供了"线索"。因此,如果不能确定如何生成有效的钱包密码,不建议大家使用钱包。如果要使用就要避免输入的信息过于简单,可以用"数学概率"来保证我们的钱包安全,如用数字货币地址生成器去直接生成地址和私钥，这种随机性选择会比我们的人脑靠谱得多。

钱包在数字货币的使用中起到了至关重要的作用，但大部分普通用户的风险，都集中在钱包上。例如，有人误把钱包文件删除，丢失了价值数万美元的比特币；有人没有正确备份钱包文件，导致一段时间内交易的货币全部丢失；有人的电脑被植入病毒，钱包文件被盗，所有比特币荡然无存。

以比特币官方钱包客户端 Bitcoin-Qt 为例，该客户端存放比特币私钥的文件是 wallet.dat，一般 Windows 8 系统下的存放路径是 C:\Users\（你电脑的用户名）\AppData\Roaming\Bitcoin（需要注意的是，一般 AppData 是隐藏文件夹，需要修改系统设置令隐藏文件可见才能找到）。wallet.dat 这个文件，本质上是一个私钥池，存放了这个钱包的所有地址的私钥。有了这个文件，用户才能证明钱包地址里的比特币归他所有。所以，比特币钱包的风险就是 wallet.dat 文件的风险问题，如 wallet.dat 文件被偷、丢失或备份出错等。

相应的解决方法是：注重电脑本身的安全性，防止黑客或木马入侵；妥善保存 wallet.dat 文件，定期备份。也可以考虑使用纸钱包、脑钱包或在线钱包，但是这些钱包也有各自的风险，同样需要谨慎使用。

未来，真实世界将与虚拟世界充分融合，我们将仰仗数字货币钱包在这个新世界生存、生活。

CHAPTER 9 | 第九章

新大航海时代

GENERAL
KNOWLEDGE OF
DIGITAL
CURRENCY

01

新哥伦布帆船

前面我们已经了解了数字货币及技术原理,然而区块链和数字货币的变局才刚刚拉开帷幕。就像有人说的那样:"区块链是人类发现'新大陆'的哥伦布帆船。哥伦布拓展了人类的物理空间,而区块链将拓展人类的数字空间。"

大航海时代以前,人类社会各自为政、孤立发展,虽然不同文明间有着小流量的贸易、文化交流,但与大航海时代开启后的世界相比简直就是小溪和大海的区别。伴随着新航路的开辟,东西方文化交流和贸易往来开始大量增加,全球大部分人主动或被动地参与到协作的洪流中,其中也有殖民和掠夺,战争和死亡。这是一部贸易史、侵略史,也是一部"连接"史。人类社会第一次在物理空间实现了一次大连接。

当然地理大发现的连接是宏观层面的地理上的连接,

互联网的出现，则是在更为细微处，让整个人类社会在同一个网络中实现了更为全面的连接：社交网络、即时通信，实现人与人的连接；门户网站、搜索引擎实现人与信息的连接；电子商务，实现人与物的连接；电子游戏、视频平台实现人与娱乐的连接。

打个不是很恰当的比方，如果把世界比作人，地理大发现之前人的各个部位是分散的，新航路的开辟则把分散的各个部位连接在一起，各个部位开始协作。而随后出现的互联网则如神经网络一般，不仅构建起每个部位的连接通道，更是强化了其连接的感知及连接的完整度、通畅度、灵敏度。

互联网还为人类构建了一个"模糊"的虚拟世界，让我们知道了可以在线购物、娱乐、旅行、社交，但是区块链的出现，它的去中心化、密码学原理等被认为是即将颠覆人类信用体系、经济结构、社会结构的技术，重构着我们的连接"法则"，为人类提供一种全新的连接方式，陌生人之间的交易、联络、信任能用较低成本建立，让这个虚拟世界逐渐成形、清晰，一个与我们所生存的物理空间相平行的数字空间——一个全新的超大陆展现在我们眼前。

也许真如有人总结的那般："除了生存，'连接'才是人类对发展最渴望的需求。"对连接的需求，催生了"地理大发现"；对连接的需求，让我们进入互联网时代；对连接的需求，让人类打开区块链世界的大门。

　　对原有世界的颠覆可能引发猜忌和恐慌，但是颠覆也可能带来巨大的财富风口，在经历了痛苦的蜕变后，人类将迈进更高效的世界。就如曾经互联网掀起的信息变革，引发互联网经济泡沫及企业新一轮优胜劣汰和转型。但是走过阵痛期，我们会为这个高效的世界而欣喜。

　　同样地，经过无数次探索和试错，区块链技术以日新月异的姿态不断前行。如今数字经济的各项技术都在为这艘全新的哥伦布帆船蓄势、续航，我们也正在驶向更广阔的数字空间，去创造和挖掘比整个人类社会物理空间还要大得多的新财富。

02

DeFi的风流

金融作为人类社会发展、运行的重要血液，渗透在我们生活的方方面面，金融行业是最早拥抱区块链技术的行业之一。中国始终处于区块链技术的领跑阵营。

自区块链技术诞生后，所有偏金融类的数字货币都在探索分布式方向的数字化金融，包括比特币、以太币、央行数字货币、摩根大通推出的加密数字货币 JPM Coin 等。DeFi 概念横空出世吸引了很多人的目光，成为区块链应用落地的主要赛道之一。

那么，什么是 DeFi？

前文我们提及区块链 1.0，其实它是以比特币为代表的分布式账本，到了区块链 2.0 则是以以太坊为代表的智能合约。DeFi 便是在此基础上诞生的去中心化金融，也被称为分布式金融。所有基于分布式技术、分布式网络产生的金融形式或金融活动都是 DeFi，简单理解，它就是建立在区块链上的金融软件借此提供全新的金融服务，是互联网金融的进一步进化。

传统金融体系中有不同的角色，包括货币、央行、商业银行、交易所、经纪、保险、支付和资产管理等，资金融通过程伴随着风险转移、资源配置、价格发现、债务处理，并有着一套流转于各个角色之间的规范程序，也深受人性的影响，比如贪婪、恐惧。但是在去中心化系统中，这些名目繁多的身份、流程、业务都被大刀阔斧地优化、简化，我们的规范是智能合约，我们信任的是算法、共识机制，并最大限度地将金融彻底从人性中剥离出来，就像区块链世界流行的一句话那样"不信任、请验证"，因为你使用区块链网络，你个人可以验证在区块链上发生的所有交易。

比如以太坊，这是 DeFi 最早的生发地，目前很多 DeFi 项目都是在以太坊区块链上进行的。以太坊在区块链上创建、存储和管理数字资产，利用与比特币相同的数字信任原则并将其应用于智能合约（即满足某些预定义条件后自动执行业务逻辑的代码），实现"自我托管"。DeFi 建立起的是一个更具弹性和透明度的金融体系，拥有互联网连接的任何人都可以访问基于以太坊的智能合约并与之交互。许多智能合约被构建为开源的并且可以与现有智能合约互操作，因此用户可以验证智能合约的代码并选择最适合他们的服务。也就是说，无论是基本的汇款、资产购买还是放贷，我们都不需要中介机构，你只需一个互联网就可以访问和自动执行这些服务。区块链的分布式、信息透明等特性将会在全区范围内准入，统一市场并能够实现严格的风险评估和风险管理。

总结起来，对比传统金融服务，DeFi 具有以下特征：

无须许可，只需一个互联网就可访问这些服务；

无须信任，不需要任何担保、抵押等就可以确保交易有效；

无须审查，任何人和机构都无法改变交易顺序及关闭服务；

透明，区块链完全透明且可验证；

可编程，智能合约创建，开发人员可以用非常低的成本创建和整合金融服务；

高效，金融服务由智能合约驱动，而不由人驱动，流通高效且无中间成本。

可以预见，DeFi 具备变革世界金融的潜力：创建多样化金融系统，让资本和数据更公平地流动，并与传统金融共生互补。与此同时，它也为数字货币的支付、借贷、投资、保险、资产合成、证券化等搭建了一个畅通的生态系统，很多 DeFi 项目都是在为用户提供高收益上进行竞争。有数据显示，2020 年 11 月，约有 110 亿美元的比特币和其他加密货币被抵押到基于区块链的半自动化交易平台中，短时间内就比 2020 年年初增加了 16 倍。

DeFi 是数字货币和智能合约的最佳组合，而区块链最大的潜力是有可能将区块链和 DeFi 协议与现实世界的项目和资产进行交互，并且真正做到大规模地应用。

03

虚实接轨

对于数字货币,"数字"这种形式及表现并不是第一重要的,第一重要的是内在价值,也就是说,数字货币背后所承载的数字资产价值。

因此,比特币、以太币等数字货币,就如法律所定义的那般不是真正的货币,我们对其的追求更大层面是出于对未来数字世界数字资产的需求,也正是如此,在前文"回归理性"一节中,我们的认知从代币上升到了Token——一方面挖掘数字货币的价值,另一方面探索资产的数字化路径。

在挖掘数字货币价值方面,一种全新的数字货币——稳定币,诞生了。

比特币、以太币等数字货币是完全的虚拟化货币,现实生活中并没有能够衡量其价值的标准,人们凭借自身的认知和对其的认可度进行估价，币值总是随着市场变化不断产生剧烈波动。为了方便与现实世界进行连接，加密从业者希望创造一种"稳定币"，即拥有相对的价值，给数字货币市场带来一定的稳定性。

稳定币从本质上来说是一种具有"锚定"属性的加密货币，其"稳定"的方式便是：锚定法币或其他价值稳定的资产，而其衡量尺度便是法币，全世界任何地方的人都可以拥有，并将其作为一种与法币挂钩的合成资产。

目前存在两种类型的稳定币，即中心化稳定币和去中心化稳定币。

中心化稳定币通常有法币作抵押，中心化发行公司将法币抵押在链下银行账户中，作为链上通证的储备金，每个稳定币都对应其存在于银行的等值资产。如世界第一个稳定币泰达币 USDT，由 Tether 公司在 2014 年发行，每发行一个 USDT，都保证至少有 1 美元存在公司银行账户，且持有者手中的 USDT 可以兑换成美元或者比特币，以此来保证 USDT 价值的稳定性。

去中心化稳定币，则借鉴了央行铸币模式，通过算法自动调节市场数字货币的供求关系，进而将数字货币的价格稳定在和法币的固定比例上，设计上灵活性和透明度都更高，因为其不由任何一方控制，而且任何人都可以在链上审核协议的抵押率。如 MakerDAO（以太坊上的自动化抵押贷款平台），采取的方式是让用户将抵押物锁定在智能合约中，然后，智能合约会生成名为 DAI 的稳定币作为超额抵押债务，并且如银行般通过利率调节增加或减少 DAI 的总供应量，从而维持与美元的 1:1 对应关系。

当今市场，除了 USDT 还有 MakerDAO、DAI、GUSD、USDC、TUSD 等一系列稳定币。另外一种越来越受到大家认可的稳定币是央行数字货币（CBDC）。央行数字货币与中心化稳定币有一定相似之处，不同点是由央行发行的，因此无须与链下银行账户的法币挂钩。

其实稳定币的本质是资产（包含现实资产和数字资产）的通证化发行，它给数字货币市场带来了难得的稳定性，让个人和公司接触数字货币所带来的技术变革时有一个衡量尺度，而不会被一路上的价格波动烧毁。

在资产数字化路径上，NFT 无疑带来了一剂兴奋剂。

一段 75 秒的音频卖出了 6600 美元，一条推特卖出了 290 万美元，一张网络上可以随时复制下载的图片卖出了 6900 万美元……种种匪夷所思的天价，犹如天方夜谭，令人不可思议，却正在现实中发生。而这一切源自一个绝大多数人还很陌生的概念——NFT。

一般来说，加密数字资产可以分为两大类：FT（同质化代币）和 NFT（非同质化代币）。

FT，在交易中每个代币可以互换、拆分，彼此无法区分，比如比特币，在同一个时间点每一个比特币所能代表的市值是相同的，比特币也可以分割成 0.5 或 0.01 个比特币，比特币之间可以进行交换。NFT，每一个代币都拥有独特且唯一的标识，两两不可互换，最小单位是 1 且不可分割，比如最早的 NFT——CryptoKitties（加密猫），它是全球首款区块链游戏，每一只猫咪都是独一无二的，且无法被复制或销毁。

其实 NFT 的本质就是 Token，它可以是任何数字化的东西：一段声音、一张图像、一段文字、一件游戏里的道具等，只是不同于一般的 Token，它更具稀缺性、原创性。我们要看到的不是当前的人们对 NFT 数字产品价格的争议，而是要看到其背后对未来市场的影响：对创作者、销售者来说，NFT 不仅让他们的"原创"交易得到保障，而且也会让他们获得永久收益。比如，NFT 可以被编码为允许原始创建者在每次 Token 交易时获得收益。对于收藏者、消费者来说，NFT 提供了安全所有权证明，可以保护他们买入手中的商品价值。当今时代复制和伪造一些东西很简单，如果没有 NFT 这般无可争辩的所有权记录，很多商品的稀缺价值根本无法体现。

也就是说，未来我们的创造、我们的才华，不仅能够很好地被证明、被保护，也会越来越值钱，逐步资产化。未来我们购买的不仅仅是商品，更是购买承载在商品上的价值。

数字货币、数字资产让虚实接轨,未来,曾被少数中心化机构所掌握的财富价值也将通过区块链和通证经济分配到每一个贡献者手中,互联网将从"传统"的历史关口真正迈入"新价值"时代。

04

元宇宙将这样炼成

区块链、Token 热浪未消，DeFi、NFT"风暴"紧随其后，今天的元宇宙更是让整个数字经济领域热闹非凡。

自从元宇宙这个概念火爆以来，很多人言必提电影《头号玩家》、虚拟技术、AR 游戏、数字孪生……但对元宇宙的认知大多停留在虚拟世界中。很多游戏公司、互联网公司也纷纷尝鲜元宇宙，希冀能成为元宇宙的"头号玩家"，然而却并没有什么实质性的创新。因此有人认为元宇宙不过是又一概念炒作，更多的人则是一头雾水，一会儿区块链，一会儿数字孪生，一会儿 NFT，到底是炒作还是趋势？

元宇宙（Metaverse）这个词源于科幻作家尼尔·斯蒂芬森的《雪崩》，这部作品描绘了一个脱胎于现实世界，又与现实世界平行、相互影响，并且始终在线的虚拟世界。有人这样定义元宇宙：整合多种新技术而产生的新型虚实相融的互联网应用和社会形态，它基于扩展现实技术提供沉浸式体验，基于数字孪生技术生成现实世界的镜像，基于区块链技术搭建经济体系，将虚拟世界与现实世界在经济系统、社交系统、身份系统上密切融合，并且允许每个用户进行内容生产和编辑。可以看出元宇宙绝不是表面的技术构建的虚拟游戏世界，它揭示了未来人类社会可能的发展方向——虚实结合。

随着互联网技术的发展，未来人类或将真如电影《头号玩家》那般可以随时随地地切换身份，自由穿梭于物理世界和虚拟世界，在虚拟空间和时间节点所构成的元宇宙中学习、工作、交友、购物、旅游等。

我们开启元宇宙的生活将会是这样的：区块链是基础设施，DeFi 是金融生态，Token 化的数字货币是数字资产也会是交换媒介，一个资产更加多元，交易更加透明的金融体系将会被构建出来。同时，我们可以创造数字产品，创造 NFT。

元宇宙的探索也将推动实体经济与数字经济深度融合，推动数字经济走向新的阶段。

从技术角度看，元宇宙包括了内容系统、区块链系统、操作系统、AI 技术、显示技术、网络算力技术等，吸纳了 5G、6G、Web 3.0、AI、区块链在内的技术成果，向我们展现了未来数字世界的可能性。

从商业角度看，元宇宙一方面可以融合 DeFi、Token 等数字金融成果，这一切都将丰富数字经济转型模式，另一方面承载着未来人们的消费观念、消费方式乃至社会学、人文科学变革的可能性方向，会是我们商业运作的一个风向标。

可以说，我们的财富、商业将会以全新的面貌呈现。未来的想象空间很广阔，科技发展之路很长，数字世界也一定有着更多我们无法想象的财富发展空间。

CHAPTER 10 | 第十章

盛宴：数字经济

GENERAL KNOWLEDGE OF DIGITAL CURRENCY

01

必须和必将知道的

1900年,数学家希尔伯特在做一个演讲时提出23个问题,这23个问题,被认为是20世纪数学的制高点,对世界产生了深远影响。他也在演讲中表达了自己对于数学真理的态度:我们必须知道,我们必将知道。

如今,数学也以前所未有的方式改变着我们的生活。也许随着学术的日益成熟,数学作为科学的狂飙时代已经过去,进入缓慢发展时期,但是自从互联网出现之后,数字技术却进入了黄金发展期。我们进入数字经济时代,我们对其的态度和认知也应当是"我们必须知道,我们必将知道"。

那么,我们必须知道什么?我们必须知道"数字能量"正在搅动时代风云,是世界经济增长的新动能。

中国数字经济在新冠肺炎疫情之前就发展强劲。我国

第十章 盛宴：数字经济

数字经济的总体规模已从 2005 年的 2.62 万亿元增长至 2020 年的 39.2 万亿元；数字经济总体规模占 GDP 的比重也从 2005 年的 14.2% 提升至 2020 年的 38.6%。我国数字经济产业以迅猛的增长速度扩张着，而新冠肺炎疫情加剧了这一趋势。中国在面对世界百年技术产业体系之变、大国竞争格局之变、国际经济治理体系之变时，各地也密集出台数字经济规划、行动计划，把数字经济作为"十四五"时期迈好第一步、见到新气象的重头戏。

新冠肺炎疫情虽然让一些企业、产业受到损失，但也极大地促进了数字科技的应用。我们足不出户，凭借京东、美团、拼多多等互联网服务平台就可以购买粮油、蔬菜和生活必需品。学校停课后即转型线上教学，企业充分利用数字技术实现云办公、维持运营。送药机器人、机器人检测、AI 药理、AI 基因分析等 AI 产品揭开了大量 AI 的真实需求场景……线上线下融合的新模式、新业态也展现出强大的活力和发展潜力。

如今的中国，AI、物联网、区块链、5G……新一轮产业变革席卷全球，中国将加速推进数据价值化，数字技术与实体经济融合，产业数字化和数字产业化，新模式、新业态全面变革——一个新赛道开启。对于中国来说，数字经济既是经济转型增长的新变量，也是经济提质增效的新蓝海，还是我们汲取"数字红利"的新方向。

那么，我们又必将知道什么？我们必将迎来数字文明。

> **数字货币通识**
> 无现金时代的必修课

　　即便遭受新冠肺炎疫情的影响，世界的运转也并没有停止。

　　2020年，以美国为代表的多国股市频繁熔断，4月原油期货价格出现负数。金融市场是经济的晴雨表，是对疫情冲击经济影响程度的估值和预判。但与之相对的是数字货币市场持续升温、DeFi风行、中国央行数字货币开始进行试验。同时马斯克SpaceX又发射了420颗卫星，并提出挑战5G的不是6G，而是他的卫星互联网。5G从移动互联网向物联网应用领域扩展，以满足未来千倍流量增长和上千亿设备的联网需求。区块链的发展，带来了一种全新的金融解决方案、金融技术，更是颠覆着人们的认知，人与人、人与社会之间的关系也将变得更加多元。

　　2020年是数字经济凸显且进一步加速的历史时刻。在这期间我们改变了传统的思维模式，接受数字思维，学习数字技术，尝试新的生活方式，拓宽视野，人类的数字文明进程在加快，我们也必将迎来数字文明。

02

数字关系链

虽然很多人知道了数字经济是人类社会经济发展的趋势,那么,什么是数字经济?

关于数字经济,著名经济学家、数字资产研究院学术与技术委员会主席朱嘉明曾表达过这样一个观点,如果你不理解人类经济生活已经数学化、数字化,不理解数字技术,当然没有能力理解数字经济。

狭义的数字经济可以定义为基于数字技术和算法技术的经济活动;广义的数字经济可以定义为包括数字货币、数字资产和生产方式的新经济形态。随着人类生存空间的虚实结合,数字经济早已突破狭义的定义,在媒介、资产、产业、制度等维度冲击着当今及未来人类社会。

数字货币是数字经济发展的必要条件。

2009年1月3日,比特币的诞生标志着数字货币时代来临，然后历经10多年爆发式发展，虽然在交易所交易的规模有限，但种类已成千上万，打破铸币全垄断的时代已经开启。2020年为DeFi元年，中国启动央行数字货币试验成为数字货币史上的一个里程碑事件，数字货币是数字经济的重要媒介，是数字经济的流通血液。数字资产和数字财富是价值呈现。

在数字经济形成和发展过程中，数据作为生产要素的作用不断增强，进而成为具有价值的资产。数字资产的确权，加之与数字货币、通证经济的结合，推动数字资产演化、积累并转化为数字财富。

数字经济产业化打破虚实壁垒。

目前数字经济产业化主要有3个路径：原生态数字经济产业，比如出生于互联网的产业如亚马逊、阿里巴巴、Facebook、抖音等；数字转型之后的产业，如数字化音乐、电影、出版业等；数字经济+传统经济，原本的传统实体通过数字技术完成部分或整体的改造，实现数字化转型，比如石油与煤炭资源的数字化。数字经济的产业化，作用于我们的现实物理空间和虚拟数字空间，它会如润滑剂一般在虚实之间日益渗透，并将二者逐渐融合成一体。

数字制度的建立催生数字文明。

物联网、AI、区块链、大数据等新兴数据技术的应用，一方面为创新赋能，新兴数字产业不断产生、壮大，传统实体数字化进程也在不断提速；另一方面，人类在以数字技术为基座的互联网中购物、旅游、社交、学习、工作，特别在未来的元宇宙中人、物、信息、资源全面数字化，也在重塑制度、催生变革，更影响人们的认知和行为。这是不可逆转的时代趋势。

如元宇宙，其新交易方式 Token 交易、新组织形式 DAO、新经济模式通证经济……促进交流、提高效率、价值共享。元宇宙折射出的是数字技术对我们的世界及我们自身的影响，在广度和深度上都有了质的飞跃，一种人类文明新形态正在萌生。

数字货币、数字资产、数字产业模式、数字制度构建起了一条清晰的数字经济关系链，也让数字经济面貌日益清晰，人类也会进入一个全新的、以数字经济为主导的数字文明世界。

03

数字财富新浪潮

如果细究这些年中国的发展，你会发现我们已经走过了多个财富浪潮：40多年前，改革开放之初，个体经济时代，你敢下海便有机会创造财富奇迹；30多年前，中国第一个证券交易所上海证券交易所成立，敢买股票便是赶上了最大的财富热潮；20多年前，中国互联网经济发展，哪怕你只是开个淘宝店，那就是赶上了风口。

经济的转型，本身就意味着"风口"的洗牌，也是一次财富的洗牌。今天，数字经济正在掀起中国新一波财富浪潮，一大批新生的年轻财富阶层——数字中产，正在快速崛起。

在《2021胡润全球富豪榜》上，张一鸣身家高达3500亿元，而他是"80后"。跻身2022年上海富豪榜的拼多多创始人黄峥凭借1200亿元身价位列第二，而拼多多发展至今还未满 10 年，黄峥也是"80 后"。除了这两位企业家，数字中产还有那些活跃在各个平台上的大 V、网红，他们创造财富的速度十分惊人，方式大多也是靠着互联网数据、创意和流量。

然而，数字中产也有着"代际"之分，中国的这些数字中产在当今的数字领域中，算是"传统"的，全球一批新兴数字中产更是引人注目，如以太坊的 V 神、Winklevoss Capital 的创始人文克莱沃斯兄弟、火币网创始人李林，以及越来越多的入局 NFT 的收藏家、艺术家。

所以下一波财富浪潮在哪里？

答案是：拥抱数字资产，成为新兴数字中产。然而元宇宙更是让这一切疯狂加速。

企业：赛道开启，新一代产业变革开始。

人类社会发展至今，供过于求、市场竞争加剧、流量见顶……人类商业社会已经步入内卷时代，而互联网的发展不管是内容创造、传播方式、交互方式、参与感和互动性都日益缺乏活力和创造力，天花板已现。在产品渴望新技术、资本渴望新出口、用户渴望新体验时，元宇宙就如哥伦布发现的新大陆一般，成为突破商业桎梏、突破互联网天花板的全新超大陆。

在这个超大陆中，区块链、数字孪生、XR、AI 等多种新兴技术交汇融通，满足产品对技术的渴望。数字产品、数字资产、数字交易等资产变革、交易变革，满足资本对新出口的想象。这背后是技术的迭代、经济的迭代、社会的迭代，将带来全新的发展机遇。

普华永道预计元宇宙相关经济将迎来大幅增长，市场规模有望在 2030 年达到 15 000 亿美元。很多人也将未来 10 年看作元宇宙发展的黄金 10 年。面对这样的机遇，科技巨头纷纷布局元宇宙，借此希望实现自身商业迭代，如字节跳动。

字节跳动从 2012 年创办至今已经形成了"资讯分发 + 内容社区 + 短视频"的业务矩阵，其互联网基因和社交属性与元宇宙十分契合，依托自身的内容优势，通过 XR 赛道介入，字节跳动选择了"入口 + 内容"的元宇宙发展策略。

其实早在 2017 年，字节跳动就推出 VR 社交，通过捕捉用户面部表情生成卡通形式，AR 扫一扫、AR 互动、AR 滤镜等也应用于抖音、TikTok 等产品上。但是那时更多是技术植入，并没有显眼的大动作，更像是乘着国内 AR 市场火热之风做的一些尝试。但是元宇宙大火时，2021 年字节跳动以 50 亿元人民币收购 VR 软硬件研发制造商 Pico，并发布第一代 VR 一体机 Pico Neo 3。在内容方面，Pico 有 8 款 Top 级的 VR 游戏大作。也是在这一年，字节跳动投资近 1 亿元人民币入股以移动端游戏为主营业务的科技公司代码乾坤。代码乾坤有用自主研发的物理引擎还原逼真的虚拟现实的体验,有UGC(User Generated Content)游戏平台,聚集了一批创作者,构建了一个虚拟的世界——《重启世界》,这是一个具备高度自由的创造平台和社交平台,集想象创造、互动体验、社交交流于一体,有着完整的UGC创造、互动、社交生态链。由此可见字节跳动进军元宇宙的决心。

除了字节跳动,国内还有阿里巴巴深耕流量、生态、云技术、数字金融,爱奇艺和bilibili拥有大量的视频版权内容,布局虚拟人技术、虚拟偶像……元宇宙"登陆战"已经打响。如今多地政府工作报告和产业规划中也已出现元宇宙身影。

2021年1月,在工信部召开的中小企业发展情况发布会上,工信部表示要加大力度推进中小企业数字化发展,培育一批进军元宇宙、区块链、人工智能等新兴领域的创新型中小企业;上海将"元宇宙"纳入"十四五"规划,强调加快布局数字经济新赛道,紧扣城市数字化转型,布局元宇宙新赛道,开发应用场景,培育重点企业;海南打造元宇宙产业基地、江苏打造元宇宙生态产业示范区、张家界成立元宇宙研究中心……

元宇宙是新一代产业变革的开始,它犹如曾经的互联网经济一般,致使一大批先锋企业横空出世,一大批年轻企业家叱咤风云,新技术、新业态、新模式不断产生,从企业层面拉开数字经济盛宴的序幕。

个人：内容创造，数字资产遍地"萌芽"。

如果说元宇宙赛道是企业的角力场、"掘金地"，那么创造经济则是事关我们每个人的创造地、"吸金时空"。

想要说清楚这个问题，让我们先简单回顾一下互联网发展历程。自从人类进入互联网时代，我们已经经历了两次互联网财富浪潮——Web 1.0 和 Web 2.0。

Web 1.0，即 PC 互联网时代，内容创造是以 PGC（Professionally Generated Content）形式进行的，即专业原创内容，是专业平台建设者创造的资产。比如门户网站，上面的新闻、游戏，都是平台为用户专门撰写、设计的，用户可以浏览、使用，但一切的数据、流量也都是平台的数字资产，一切掌握在平台手中，并不为用户所有，因此那时崛起的是互联网企业，富起来的是互联网企业家及创作团队。

Web 2.0，即移动互联网时代，线上线下的结合更加紧密，企业创富入口变窄，但是基于移动互联网，普通人创富通道却被打开。我们以账号的形式在互联网上输入文字或上传图片、音频、视频，完成各种内容创建，公众号、移动社交、平台知识共享，各种新兴平台形式也为数据和流量打开了一个入口，分流到了用户手中，平台开始共享给用户。此时我们知道了流量、粉丝、数据这样的"数字资产"，无数年轻人闯入短视频、知识付费、社交电商等领域，借助互联网技术和平台，源源不断地输送创意内容，这些内容成为自己的价值资源、创富资源：依附于线上获取粉丝、个人知名度、流量等资源，实现零成本创业、零成本消费。在这个过程中，创造财富的要素也从过去的工厂、机器、商铺，变成了互联网上的数据、创意和流量。从企业到个人，内容创造也从 PGC 过渡到 UGC。UGC，即用户原创内容，是用户创造的资产。

今天，我们正在进入 Web 3.0，Web 3.0 是在 Web 2.0 的基础上发展起来的，能够更好地体现用户创造价值并能够实现价值合理分配。Web 3.0 的到来需要 3 个前提条件：①互动及个性体验的互联网应用技术的完善和发展；②虚拟货币的普及，以及虚拟货币的兑换成为现实；③大家对网络财富的认同及网络财务安全的解决方案。

元宇宙的出现符合这 3 个前提条件，让我们清晰感知到 Web 3.0 的发展形态，元宇宙的技术融合、虚实融合、经济系统也被认为是 Web 3.0 的经典应用，我们创造的价值更是以 UGC 的形式进一步彰显，因为在元宇宙中，人人都是数字世界的建造师，我们获得的土地、建造的房屋、设计的数字产品等都是我们的私人财产，并且可以被 Token 化、NFT 化，进入数字交易市场进行交易。

以 Decentraland 的内容创造为例。

Decentraland 是由以太坊区块链为驱动力构建的一个虚拟世界，我们在其上可以拥有两个数字资产：NFT——

LAND 和 Token——MANA。LAND 就是 Decentraland 中数量有限的地块，基于以太坊智能合约（ERC-721）成为 NFT 数字资产。LAND 永久性归社区成员所有，每个 LAND 都包含其坐标、所有者信息等。用户可以使用 Token MANA 代币购买 LAND，可以通过已宣布的土地拍卖会或从当前所有者那里购买。LAND 具有一定的稀缺性，其数量与 MANA 严格对应以稳定币价。

除了拥有 LAND，用户更可以在这些地块上自由地进行创作、建造，实现天马行空的创意想法，构建自己的世界，可以浏览和探索内容、玩游戏和社交，并可以在其中购买、出售这些地块。比如，一位酷爱以龙虾形象创作艺术的艺术家创建了一个城市，这个城市有全数字艺术展厅，可以在其中看到各种波普艺术风格的作品，有龙虾乐园，曾与美国传奇艺术摇滚歌手合作推出新式音乐表演。创作者还与数字艺术市场 SuperRare 及菲利普斯拍卖行主席 Simon de Pury 联合举办了 NFT 拍卖会等。与传统的互联网内容创造不同，元宇宙的内容创造突破了我们现实的身份、职业，甚至可以是构建我们自身的"小宇宙"。同时，Decentraland 是以太坊区块链驱动的虚拟世界，不受中央控制，没有人可以破坏用户创建的世界，也就是说你的世界真正掌握在你的手中。

所以，新财富浪潮，我们手中所需的和掌握的资源不再是传统的土地设备或金融资本，而是我们自身的知识、技能、创意乃至敏锐的嗅觉、快人一步的行动力；我们手中的数字资产，它既是如金钱一般的个人资产，也是如土地一样的生产资料，更是像机器一样的生产力（这样的数字资产本身就是财富，更可以用于创造更多的财富）；我们也将逐渐从使用者、粉丝、消费者向拥有者、经营者、股东身份转变，然后和所有参与者汇聚在一张新价值网中结成利益共同体，财富权杖也将掌握在更多人手中。简而言之，在这波财富浪潮中，你能赚多少钱，很大程度上取决于你能拥有或调动多少数字资产。

每一次财富浪潮的到来，都会造就一批富翁，每一个富翁的诞生都是在别人不明白时明白并行动，在别人明白时成功。希望大家能够把握住 Web 3.0 数字财富浪潮，成为新兴数字中产，共享当今数字经济发展盛宴。

CHAPTER 11 | 第十一章

数字货币投资心法

GENERAL KNOWLEDGE OF DIGITAL CURRENCY

01

七条军规

目前，我们所面临的时代财富大趋势是人类即将从"实体资产时代"进入全新的"数字资产时代"。在这个过程中，不管是从数字经济角度，还是元宇宙发展趋势，抑或数字货币本身属性，数字货币的存在和价值都是无法否认的。每个人也都逐渐意识到数字货币与数字资产高度相关，数字货币、区块链项目也是当今最大的投资热点。

那么，普通投资者如何参与区块链项目投资呢？我们总结了以下几条投资军规，希望能够帮助到大家。

军规一，投资有风险，入场需谨慎。

这是最耳熟能详的一句话，也是最重要的一句话，特别对投资数字货币、区块链项目来说更是如此。

数字货币价格波动大,甚至存在骗局、非法融资等情况,风险本身就远远高于股票、期货、基金等传统投资产品。

因此身为普通人,在投资数字货币时,一定要注意以下两点。

(1) 不玩一级市场,只在二级市场交易。很多所谓融资、募资、众筹,大多是不合法的。不要玩一级市场,只在二级市场,也就是数字交易所进行交易就行。

(2) 不玩小交易所。交易所虽然有准入机制,也就是谁有资格谁发币,但是对代币发行缺乏监管,因此我们无法分辨发行方是否在做非法套利,很多小交易所还存在对赌情况。相较于小交易所,有实力的大交易所准入机制更为严格,一定程度上会"自动"过滤掉一些空气币。

以上两点,只有一个目的,降低你的归零风险,也就是被割韭菜的风险。如果你能坚决做到,基本上就避开了一大堆坑。

军规二,学习,学习,再学习。

区块链项目投资不仅存在高风险,也有一定的门槛,专业才能生存,只有拿出终身学习的态度,了解该行业的基本情况,学习该行业的相关知识,紧跟行业发展,才能在区块链世界长存。

除了自学,还需要增加自己对数字货币认知的广度和灵敏度，要多关注数字货币各大媒体的文章，包括各类入门教程，各类区块链项目介绍以及各个详尽的项目分析，慢慢地建立起自身的分析和判断。在别人，特别是大佬的分析基础上，加上自己的思考和判断，不断操作起来更有把握，目标更明确，也十分有利于自己能力的提高。

最后强调一点，区块链这个领域发展和变化是非常快的，只有保持不断学习才能跟得上数字货币的发展。

军规三，尽量投资刚需领域。

2017年时，李笑来曾推荐过一些值得投资的互联网公司，并发表了"GAFATA"⊖投资法。他的逻辑是什么？他认为GAFATA在互联网中就如水电煤一样，且其股票在二级市场流动性很充足。其实这样的投资"逻辑"也可以用在区块链项目上——关注刚需领域。

很多数字货币只是区块链项目中的一种或一个环节，是否有价值，体现在是否有好的前景和商业应用，如一个数字货币对应的应用前景是否有针对行业内的热切需求，是否能解决人们生活工作上的痛点，项目会如何落地，如何盈利，是否有着经济闭环等。

⊖ "GAFATA"分别代表了谷歌（Google）、亚马逊（Amazon）、脸书（Facebook）、苹果（Apple）、腾讯（Tencent）、阿里巴巴（Alibaba）。

因此我们要懂得跳出数字货币这一单一的概念，放眼数字货币所依托的整个区块链项目，来看清所对应的痛点需求和市场前景。我们一方面需要对宏观经济走向、时代趋势有着大致的判断和了解，认识到区块链技术在哪些领域会是刚需，比如在跨境支付、身份验证、溯源防伪、数据交易、权益保护等领域区块链技术都有着极大的应用价值，很多区块链项目也都有着很大的用武之地，另一方面微观探查项目本身，具体来说：

（1）看白皮书和开发计划。一个靠谱的项目都会有明确的发展方向和想要实现的目标以及应用前景。如果一个项目的白皮书只是泛泛而谈，甚至东拼西凑其他项目的白皮书，此时就要十二分警惕，提防空气项目。另外靠谱的项目还会有靠谱的盈利模式，我们还要分析它的盈利模式是否可行、可持续。

（2）关注项目的技术含量。区块链的根基是技术，这也是产品价值及市场前景的有力保证。需注意，纯靠商业模式创新不过是空中楼阁，也多为打着数字货币的名义进行传销、诈骗。

（3）关注数字货币在平台内的必要性。也就是关注数字货币在平台的使用场景，就如游乐场的游戏币，能够在平台内流通、支付，也就是说是平台经济系统的重要一环。同时还要注意是否已经在大交易所上线。

（4）看发行人资质和身份真实性。对于区块链这种新兴技术项目，发起人、开发团队十分重要，特别是发起人，往往承担着信用背书的作用。对白皮书造假、发起人身份造假这类有失诚信的项目要加以躲避。

军规四，向共识度看齐。

区块链项目的成功，除了技术、应用前景，还有一个因素也十分重要——共识度。

共识度就是人们对项目的接受和认可程度。通常共识度越高，项目越成功越有价值。对于数字货币的共识程度，可以从以下几个方面进行考察：

（1）数字货币诞生时间的长短？

（2）大家对其接受认可程度如何？

（3）谁在持有和使用？

（4）大家对其应用前景的看法如何？

（5）流通程度，世界各国对其的态度，金融机构对其的态度如何？

以上几点是互相渗透、互相影响的，我们不能割裂地去看待。

其实军规四和军规三是相辅相成的，刚需，能解决痛点问题，自然共识度高，共识度高自然也就决定了数字货币有着更广阔的应用前景。

军规五,市场逻辑看市值。

前面已经说了,比特币为什么值钱,因为它具有稀缺性,被称为"数字黄金"。因此判断某一数字货币是否有价值,还要看它的发行数量、稀缺程度和总市值。

发行数量,有的数字货币总数是固定的如比特币,有的是不固定的如以太坊。但不管是固定的,还是不固定的,都要保证一定程度的稀缺性,从而保证其价值。

总市值,一般来说数字货币总市值越大,说明它的共识程度越高,也就是人们对它的认可、接受能力越强,获得的市场资金支持也就越大。

发行数量和总市值的关系:正常逻辑,发行数量越多,意味着总市值越大,但是数字货币的价值还体现在一定程度的稀缺性,发行数量越多,可能就意味着越不值钱。因此很多数字货币要么有固定发行数量,要么有阶段性增发规划,从而保证市场价格处于一个合理的且易于被接受的空间。而我们要去了解总发行数量是多少,对于发行数量不固定的数字货币,还要了解它的增发速度。在面对应用前景不好,且发行量十分庞大的数字货币之时,哪怕价格非常低,也不要想当然地就认为有很大上涨空间,值得投资。

那么,是不是那些价格高的数字货币就值得投资呢?

我们都知道一个基本原理:价格围绕价值上下波动。数字货币的价格应该也是围绕其价值上下波动。但是数字交易市场缺乏权威的监督管理机制，不少数字货币在初始价格会明显偏高，甚至人为地拉高几倍、几十倍。如果数字货币价格过高，总市值超出合理范围，其价格在市场作用下必然会出现调整，价格会迅速回落，打回原形。因此当某一数字货币市值远高于整体估值时，就要谨慎参与了，除非你动作够快，能够保证自己不会成为最后的接盘侠，但显然这对普通人来说是存在难度的。

所以，对于我们普通投资者来说，需要评估一下该数字货币所在项目的合理估值，再根据当前的总市值，去判断当下的币价是否合理。

军规六，凡是投资，必有周期。

万事万物皆有周期，数字货币市场也是一样。只是和成熟的股票市场相比，数字货币市场发展时间很短，区块链还是一个呈火箭式爆发的发展阶段，传统机构和大佬正在跑步进场，正在带来巨量的增量资金。因此数字货币市场的周期一方面未如股市那般呈现出清晰的周期特征，另一方面发展周期可能更短，更加难以洞察。

那么是否就没有周期可借用了？非也。除了发展周期，还有着情绪周期。

我们很容易观察到，在价格涨跌面前，市场中千千万万的投资都有着相似的情绪波动，且情绪会如病毒一样地传染，从而让人们做出趋同的判断或动作，进而影响市场供求、市场价格。也就是说市场周期和情绪周期有着一定的对应关系：

牛市初期，迷茫、观望；

牛市形成，看法逐渐趋同，乐观、积极，大量买入；

牛市后期，贪婪、疯狂，争相买入，泡沫化；

熊市开始，从疯狂到怀疑，不断卖出；

熊市后期，悲观、绝望，大量卖出。

我们还可以更简单地对其进行概括：因贪婪而买入，因恐惧而卖出，卖出和买入的动态博弈则形成了数字货币市场的价格变化。

因此巴菲特的这句"别人贪婪时我恐惧，别人恐惧时我贪婪"的名言同样适用于数字货币投资市场，我们要学会从价格波动、成交量、比特币支配地位、社交媒体情绪、搜索量等数据中捕捉到大众的情绪，准确判断市场情绪处于何种状态中，从而做出更为前瞻性的判断。

军规七，借用他山之石。

不管什么金融产品，都有着互通性，因为很多时候都是低买高卖，有着相似的技术指标，一样的市场逻辑，因此我们可以借鉴一些投资理财智慧，来完善自身的投资策略。这一内容会在下一节中为大家详细阐述。

02

他山之石

投资的渠道有很多种，我们不妨在传统的金融项目投资中，抽丝剥茧，用开放的态度，找出属于金融投资的些许规律来。毕竟，"他山之石，可以攻玉"。天下精华，皆可为我所用。

1. 投资前先问自己 5 个问题

有句话说得好，"要搞懂投资，先搞懂自己"。下面这些问题会让你清楚自己的"底气"，指引你走向不同的投资道路。

自己要做个投资者还是投机者？

自己应该遵循什么方法投资？

自己的预期收益是多少？

自己能够承受多大的风险？

自己要为投资花费多少时间？

2. 永远不要借钱投资

借钱是投资的第一忌。

巴菲特和芒格曾在演讲中分享过很多次，不要借钱去投资，因为你很难保证你一定能赢，但输的后果是显而易见的。投资第一目的就是要尽可能降低风险，让自己先活下来……

借钱投资会和用自己的钱投资的心态不一样，借钱投资心理压力会更大，心态不好，判断就会出错，结果往往就是赔钱。而投资有周期性，涨跌循环，你用来投资的钱往往要保证能够撑过其中的循环周期，这可能是长期的资金投入。有人曾对所有投资机构的成绩进行统计，发现超过 90% 的收益其实是来自提前进行资产配置，而不是追涨杀跌。

所以，不管是借来的钱还是急用的钱，都不要用来投资，我们真正要做的是提前做好资产规划和资金安排，有专门的"闲钱"用来投资。

3. 投资靠自己还是找专业人士

投资是个技术活，通常需要面对一大堆的数据、一系列图表，似乎有些无从下手。

确实，投资门槛高，加之投资者通常没有时间，把钱交给谁一直是个头疼的问题。而且投资市场很多时候就像是掺和了运气的数字游戏，即使是股神巴菲特也有跑不赢的市场，这个世界并没有稳赚不赔的投资。

因此，好比"尽信书不如无书"，投资也需要我们自身去学习、分辨、实践，找到适合自己的方法。

专家比自己强是肯定的，他们的观点和经验值得借鉴，毕竟能在风口浪尖上发表评论，本身就是经受了风雨洗礼，必然有着有用的东西被大家认可。我们可以仔细听、认真看，从中研究出专家所提到的一些产品信息，然后结合自身情况，判断是否适合自己，这样做既是尊重手中的资金，又减少了研究的时间。需要注意的是，不是每个人都适合同一种投资方式，一定要根据自身的需求来听取意见，从中找到一些适合自己的方法，从而提升自己的交易能力。

4. 有自己的投资方法，但方法不是一成不变的

在投资时，我们总会听到身边亲戚好友给自己的建议。很多人原本有着自己的投资打算，但看到他们赚了钱，想着他们不会存心害自己，于是便放弃了自己的计划，跟风进入市场。

巴菲特曾说过一句话：当别人贪婪时，你就该恐惧。当别人恐惧时，你就该贪婪。其实很多时候，市场 80%的人根本不知道自己是根据什么在投资。面对跌宕起伏的

投资情绪，如果你有自己的投资方法，有自己的坚持，最起码从心理上胜出这些人一大截。

但是你也不能因此而固执己见。没有人能够保证某套方法一定有效，投资市场唯一确定的是盈亏是真实的，假如你的方法已经让你遭受了太多的损失，为何不暂时放下调整一下？

另外，就像很多体育比赛一样，投资过程中的防守往往比进攻更重要。激进的投资策略运用会比保守投资策略运用难很多，因为激进的投资更加依赖投资者的主观判断能力。而面对非常复杂的问题时，我们往往很难做出正确判断。这种情况下，对一般投资者来说最好的做法就是什么都不做。

5. 比数据走得更快

很多投资会根据宏观经济状况进行判断，如很多基本面分析中提到的宏观经济指标。但是这些数据都是"过去"式，在其公布之时是已经发生的，基本都是滞后的。数据和真实的经济世界总有一个时间差，我们要做的便是比数据走得更快。

如二战开始不久，约翰·邓普顿就买入了大量的超低价格股票，4年后这些股票上涨了3倍，约翰·邓普顿也因此荣登"全球投资之父"。他为什么能够未卜先知？因为他分析出美国大萧条的产生主要原因是没人消费，但战争的爆发会刺激需求，导致经济回暖。约翰·邓普顿坚信战争会让美国经济走出大萧条。

因此，当我们看到数据时，要明白这些都是投资的辅助工具，永远要比数据想得快一步。

6. 是存钱还是"风险投资"

人这一生，不同年龄段所能承受的风险是不一样的，大多时候，随着年龄的增长，可承受的风险在逐渐下降。

比如，有一种最常用而简单的投资分配法则——100法则，即用100减去我们的年龄，就得到投资风险类资产的比例。根据这一法则，一个30岁的人，可以将70%的资产投资于高风险产品，如股票、数字资产。而一个70岁的老人，这个比例就降到了30%，更多考虑的是如何让资产安全地增值，如存钱、保险。

当然这个原则只考虑了年龄，事实上风险承受能力与时机、财产来源、家庭状况等诸多因素有关，你可能在不同阶段扮演不同投资类型的角色，你真正应该关心的是如何调整资产配置。

7. 投资产品如何选择

股票、债券、基金、数字货币……市场投资产品琳琅满目，难免使人眼花缭乱。此时我们可以借助美林投资时钟理论来规划自己的投资选择和资产配置。

第十一章 数字货币投资心法

一般经济发展有复苏、繁荣、衰退、萧条四个阶段。复苏时，表现最好的是股票，其次是债券、商品和现金；经济繁荣时，收益最好的是大宗商品；经济衰退、萧条时，政策收紧，企业增长速度回落，这时最好的方法是手握现金。然后随着经济即将见底的预期逐步形成，股票的吸引力逐步增强，新一轮周期开启。

那么问题来了，我们如何知道现在处于哪个时期？这就是前面说的，把握经济发展逻辑，比数据走得更快。

另外，需要注意的是，贵金属不是低风险投资品。

很多人觉得金银是具有货币属性的特殊商品，且价格一直稳步增长，是很好的保值、增值产品。但是和其他金融产品相比，金银价格受国际经济形势、美元汇率、市场走势、政治局势、原油价格等多种因素影响，十分复杂。对于很多投资者来说在市场操作中难以把握，出现投资决策失误的概率可能更高。而且其价格走势相对平稳，并不适合以小博大的造富投资心理。

其实，一切投资，拼的也都是你个人的韬略，任何时候你都要做好以下几件事：

把用于投资的现金准备好、规划好；

始终有自己的判断；

尽量不做投机交易；

别太急着把钱投入你认为便宜的或当前火热的产品里去；

注意分辨什么是真正的"便宜货"；

不要因为利率过低而买投资型保险；

不要忽视短期理财产品；

别让你的外汇资产太过复杂；

不迷信保本投资品。

8. 数字资产是投资风口

当今最热的投资热潮莫过于数字货币和 NFT。

从 2008 年比特币诞生，数字货币萌芽，至今数字货币走过了 14 年时间，币圈的财富浪潮一波接着一波。元宇宙及区块链已经成为未来重要发展方向，很多人因为政策利好而纷纷踏足，尤其是元宇宙和加密数字资产 NFT，更是为无数普通投资者提供了无限可能。

但是并非所有项目都值得投资，也不是所有数字资产都值得长期持有。特别是对于那些对区块链和数字资产一知半解的人，更应该谨慎。一方面数字资产存在前文分析过的诸如政策、监管、技术等方面的风险，另一方面近年来国内数字资产快速发展，数字资产良莠不齐现象也很严重，新投资用户很容易踩雷，被割韭菜。因此，相比市场上的其他投资产品，投资数字资产更需要谨慎。

另外要特别注意一点，有没有实际价值支撑，是辨别数字资产价值的重要标准。这个实际价值支撑，一方面看数字资产的锚定物，另一方面看平台实力，平台是否有着非常成功的协议，是否能够有效保证 Token 流通效率、交易、支付等生态运行系统。

9. 热爱你的钱,但也别太在乎盈亏

爱钱,并不可耻,热爱金钱也是致富的一个先决条件。但是过分热爱也会有问题,会影响我们的判断,会让我们心态失衡。

投资市场亏亏赚赚才是常态,就如过山车一样,有高峰,也有低谷。无论眼下是好还是坏,都只是暂时的。盈亏需要平衡,得失也需要感受,投资是一个修心的过程。

03

万变不离其宗

关于投资,说到底,贫穷也好,暴富也罢,万变不离其宗,投资最终还是要归结于投资人的操作,并作用在人的身上,事关我们的心态、知识、眼界乃至情感——它是事关我们自身修炼的事儿,考验的是我们的人性、认知、格局及价值取向。

一个著名评论家曾告诉我,说别的都没有用,人活到什么份儿上,作品也就写到什么份儿上。今天,我们应该大声说:人修炼到了什么份儿上,他的投资或项目才能开创到什么份儿上。

1. 注意心态的那些事

很多时候投资市场好似天平的两端,一端盆满钵满,另一端血本无归。对投资者来说则是一脚天堂,一脚地狱，并以人性为砝码，不断拉锯交战。

所以，投资没有定式，只有方法、策略以及最重要的——心态。投资市场上有以下3种最要不得的心态。

(1) 过度自信

投资市场有个非常神奇的现象存在，就是每个人都觉得自己会赚钱，每个人也都是抱着"必赚"的决心进入市场。但是清醒的人都知道，市场交易就是一个零和游戏，赚钱的永远是少数人。因此不要将偶然的成功归因为必然，将偶然的运气视为才华。谦虚谨慎，永远是投资的第一心态。

(2) 急功近利

曾经贝佐斯问巴菲特，你的投资理念很简单呀，为什么大家不直接照着做？

巴菲特回答，因为没有人愿意慢慢变富。

也曾有人计算过，巴菲特财富的99%都是50岁以后积累的。但是很多人，一天没看到账面盈利就惶惶不安，一星期没见到上涨就如坐针毡，总觉得必须做点什么，于是频繁交易。其背后的心态也很简单：时不我待，赚快钱，越快越好，最好一夜暴富。可是任何的收益和风险都是捆绑的，只要你交易就一定有犯错的风险。

投资一定程度上是一项长期的"事业"，需要你有静的思想，欲速则不达，不能一心只想着暴富，一定要有波澜不惊的平静心态，聚焦于企业成长的钱，而不是只想着赚市场情绪波动的钱。

(3) 过于贪婪

贪嗔痴慢疑是我们人性的弱点，贪被排在了第一位。在投资市场，贪婪更是一种灾难。巴菲特就曾说过，恐惧与贪婪，两种传染性极强的灾难，两种极富传染性的灾难的意外暴发，总会出现在投资界。这场疫情的暴发是不可预知的，因为市场的疯狂是它们造成的，无论持续多久，都同样不可预知。

由于贪婪，总想着一本万利，可是一旦贪婪战胜了理性，就很难把握投资的方向和金额，很容易成为市场浪潮的牺牲品。我们必须时刻保持理性的心态，不被一时利益冲昏头脑。

2. 在现有格局上，向上走一步

投资是一个与时俱进的事情，不管是技术运用、产品类型、服务功能等都有着浓郁的时代烙印。与此同时，我们投资现在，更投资未来。因此，我们不仅需要看到技术、产品等创新，更需要从中窥视其蕴含的时代趋势及人类社会发展方向。你所能看到的，也反映了你的格局高度（假设格局有度数之别）：

0度格局——盲从者，只看到热闹，只是追随当下潮流；

1度格局——逐利者，能看到与利益相关的各种知识和技能，同时具备了一定的基础知识，并能依其去追逐风口获得收益；

2度格局——理念人，不仅能看到风口，而且有着非常深入、系统的研究，常常有着极具创造性的观点和动作，并且具备一定的信念感；

3度格局——理想人，对人类社会历史和现状有着深刻的认知，并能洞察趋势，升起社会责任感，关注整个国家、人类社会的发展，有信念，部分人可能兼有理念人的特性。

你是几度格局之人？我们也希望通过这本书，能够帮助你成为2度、3度格局之人。

3. 打破认知的盲区，追求真正的价值

曾有一个朋友说，当今企业最大的问题就是忽略了人首先是人，然后才是消费者。我们顿时有醍醐灌顶的感觉。虽然人类商业发展至今，已经以用户为中心，但是很多企业依旧盯着物质（产品）生产，导致企业认知出现了极大盲区。在投资时我们是否也存在着这样的认知盲区？如果我们把目光从物质转向人，又会看到什么呢？

投资利润之于投资就像血液之于人一样，但投资的真正意义不是为了利润。或者说物质是人的生存条件，人活着的目的不在于物质。

那么我们活着的目的是什么？

首先，所有人每天都在和各种情绪打交道，都需要一

个情绪出口。好的情绪需要分享,小快乐从而变成大快乐;坏的情绪需要被疏导,不快从而归于平静。找到了情绪出口,也非常有利于我们心态的调整。

其次,虽然人的需求有层次之分,但是每一个人都在寻找情感的归属,比如和睦温暖的家庭关系、来自他人的肯定和欣赏等。很多人一生奋斗,对财富的追求最终也是让自己和家人生活得更加幸福美满。

不管你是几度格局之人,不管是过去,还是未来的元宇宙时代,人首先是人,这一点永远都不会改变。所以当你在交易市场纵横驰骋时,不要本末倒置,不要纠结于各种利益得失,而是要借助投资,真正让自己感到心安、幸福。一旦我们理解了这些,便能克服人性上的弱点,变得更为淡然和睿智。

参考文献

[1] 中国人民银行数字人民币研发工作组. 中国数字人民币的研发进展白皮书[EB/OL]. (2021-07-16)[2021-08-15]. http://www.gov.cn/xinwen/2021-07/16/content_5625569.htm.

[2] 再见小孙. 第三篇：极简货币史[EB/OL]. (2019-03-05)[2021-08-19]. https://zhuanlan.zhihu.com/p/58358552.

[3] OK区块链商学院. 货币演变史[EB/OL]. (2019-07-23)[2021-09-20]. https://zhuanlan.zhihu.com/p/74839924.

[4] 应俊. 稳定币原理与央行数字货币新政策预测——区块链专刊系列文章[EB/OL]. (2020-01-08)[2021-10-10]. https://www.sohu.com/a/365547239_100237297.

[5] 中国信通院. 中国数字经济发展白皮书. [EB/OL]. (2021-04)[2021-10-20]. https://m.thepaper.cn/baijiahao_12413514.

[6] 金典社区. 通证经济:重构数字化实体经济新生态[M]. 北京:中国财富出版社, 2018.

[7] 龚建, 徐威. 加密经济学:引爆区块链新时代[M]. 北京:机械工业出版社, 2019.

[8] 赵国栋, 易欢欢, 徐远重. 元宇宙[M]. 北京:中国出版集团中译出版社, 2021.

[9] 邢杰,赵国栋,易欢欢等. 元宇宙通证[M]. 北京:中国出版集团中译出版社, 2021.

[10] 佚名. 金钱如粪土？每张纸币平均含菌量17.8万个[N/OL].绍兴晚报,2017-04-24(A07)[2022-04-18]. http://epaper.sxnews.cn/sxwb/html/2017-04/24/content_7_1.htm.